# 幼兒科學教育 的理論與實務

## 促進科學思維、討論、操作及理解的方式

# Preschool Pathways to Science:
## Facilitating Scientific Ways of Thinking, Talking, Doing, and Understanding

Rochel Gelman、Kimberly Brenneman
Gay Macdonald、Moisés Román　著

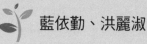

藍依勤、洪麗淑　譯

# PRESCHOOL PATHWAYS <sup>TO</sup> SCIENCE

**FACILITATING SCIENTIFIC WAYS OF THINKING, TALKING, DOING, AND UNDERSTANDING**

**Rochel Gelman**
**Kimberly Brenneman**
**Gay Macdonald**
**Moisés Román**

# 目次

## 第四章　開始並前進　／ 85

## 第五章　評量　／ 131

## 參考文獻　／ 151

# 作者簡介

## Rochel Gelman

美國紐澤西州羅格斯大學（Rutgers University）心理與認知科學教授

## Kimberly Brenneman

美國紐澤西州羅格斯大學心理學助理研究教授

## Gay Macdonald

加州大學洛杉磯分校學齡前照護教育中心克里格中心（Krieger Center）執行總監

## Moisés Román

加州大學洛杉磯分校學齡前照護教育中心大學城中心（University Village Center）主任

## 譯者簡介

**藍依勤**（翻譯第一、二、四章）

　　美國德州大學奧斯汀分校課程與教學博士，曾於臺灣及美國擔任幼兒園教師，現為臺北市立大學幼兒教育學系兼任助理教授。

　　以幼兒科學教育、親職教育、幼兒文學、幼兒多元文化教育為主要研究領域。

**洪麗淑**（翻譯第三、五章）

　　美國德州休士頓大學畢業，主修人類發展與消費科學（Human Development and Consumer Science）。

　　20年全職寫作、編譯及翻譯經驗。

譯者序

　　根據許多實徵研究的證據，幼兒園教師對於進行自然科學方面的教學總是覺得信心不足，或是覺得自己不具足夠的相關知識。面對孩子自然萌發的好奇心與隨之而來的問題，教師不見得能領略孩子覺得有趣、新鮮的事物，反而可能懷抱相當程度的焦慮感，認為自己無法進行「正確的」自然科學教學或課程。也因此，自然科學往往成為幼兒園課程裡最受忽略的一個領域。

　　此外，「雖然知道自然科學的學習很重要，但不知道怎麼以適當的方式進行」──是我在與許多現場老師互動時常聽到的回應。常見的一種情形是將科學魔術小遊戲等同於自然科學教學，在這樣的狀況下，幼兒園的科學學習常常淪為本書作者所說的「魔術秀科學」，徒有視覺刺激但並非一同深度探索一個引發孩子好奇心的議題。因為上述種種原因，我一直想為現場教師以及師培階段的學生找一本合適的基礎書籍，讓他們理解科學就是日常生活的一部分，且探究精神、過程技巧、嘗試錯誤等等才是自然科學學習最應該被強調的關鍵成分。在我書寫博士論文時偶然接觸到這本 *Preschool Pathways to Science*（PrePS），閱讀之下發現它的架構清晰完整，且符合我希望帶給所有幼教伙伴的理念，因此初萌翻譯此書的念頭。

　　不同於以往科學教育書籍以概念（例如「光」）做為章節劃分，並提供以該概念為中心的相關活動，本書以 PrePS 這個探究式（inquiry-based）取向為核心，先從幼兒為什麼需要科學學習以及 PrePS 的特色、PrePS 背後的理論基礎等面向談起（見本書第一及第二章），再慢慢引導教師如何利用生活中常見的事物（例如蘋果）來讓孩子發展觀察、分類、預測、檢核等等的科學過程技巧，同時將自然科學的學習自然地統整入其

他領域（見本書第三與第四章）。本書也考慮到教師有評量孩子學習的需求，在最末一章便再次利用清楚易懂的實例示範如何以 PrePS 的精神來實施評量，並據此檢視自己的教學，進行自我的評量。整體而言，PrePS 強調「共同探究、建構」，因此老師並非扮演「教」的角色，而是在探究的過程中與孩子成為學習伙伴，一同發現生活週遭各種事物與現象的驚奇與燦美；這一點非常值得國內的老師學習與實踐。

　　我個人非常喜歡本書的理由是它並非告訴老師該「教些什麼」，而是透過本書作者與大量現場老師合作的成功實例來展現該「如何進行」這個領域的學習活動。在我個人的經驗中，轉化理論並將之實踐到現場並不是容易的事，但實例的出現則能讓理論跟原則變得具體。此外，這些實例明示我們這樣的取向是可行且毫不費力的，毋需擔憂作者敘述的又只是一些不切實際的觀點。對於想要採取 PrePS 取向的老師們來說，或許也能從模仿、改編這些明確的例子開始著手，再逐步發展出符合此取向精神的教學。

　　本書能順利翻譯出版，首要感謝心理出版社的林敬堯總編輯慧眼識此書，慨允出版，並在翻譯過程中給予許多協助。另外也要感謝高碧嶸執行編輯細心審閱與指正，同時感謝洪麗淑小姐願意承接本書第三章與第五章的翻譯，協助分擔部分工作。

　　在翻譯本書時，我亦同時處於教學與研究等等的大小事項中，雖勉力謹慎處理譯文，期以達成「信、達、雅」之目標，但是難免有未臻完美之處。對不足的地方，尚祈各方先進能不吝指正。但願本書中文版能協助有心進行自然科學的幼兒園教師找到契合自己個人風格的教學方式，享受與孩子認識、挖掘這個世界的美好時光。也期待此譯本的出版能拋磚引玉，吸引更多對幼兒科學教育有興趣的伙伴投入此一領域。

藍依勤

2014.8 於臺中

# 第一章

# PrePS™ 的介紹

藍依勤　譯

幼兒能展現令人驚訝的抽象能力，就像 Dara（3 歲 11 個月）所做的一樣，她否決了玩偶能記憶，但是卻認可貓咪能這樣做。當問她為什麼時，她回答：「因為所有有生命的東西都能記憶。」在某種相關程度上，當給三歲跟四歲幼兒看人類雕像照片時，他們說它不能自己爬上爬下一座小山丘。相反地，他們卻能精準地判斷一隻針鼴──一種他們從來沒看過或聽過的動物，可以靠自己移動。當要求他們解釋為什麼時，孩子說那個雕像「只是一個動物造型傢飾（furniture-animal）」，它並沒有「真的」腳，或者它「太閃閃發亮了」。然而，他們說針鼴（看起來比較像是仙人掌而非任何熟悉的動物）「因為有腳」所以能靠自己移動，即使這些腳在針鼴的身體底下且不明顯。

指出幼兒與嬰兒能以相當抽象的方式看待生物與無生物之間差異（e. g., Gelman & Opfer, 2002; Saxe, Tzelnic, & Carey, 2007），以及指出孩子會根據高層次知識達成推論的發展中研究基礎與前述的記敘小品是一致的。確實，"Eager to Learn" 這本書（Bowman, Donovan, & Burns, 2001）總結了如下的證據：

看來是有「優勢〔學習〕範疇」的，也就是，在這些範疇中孩子

擁有去學習、實驗，以及探索的天生傾向⋯⋯它們考慮到滋養跟
延伸孩子已經積極投入的學習範圍。（p. 9）

　　來自美國國家科學院（National Academy of Science）（Duschl,
Schweingruber, & Shouse, 2006）、美國國家科學委員會（National Science
Board, 2009）以及許多私立機構的報告一致同意科學學習機會應該在幼
兒教育中加強。Bowman 等人（2001）的報告詳述了針對幼兒在抽象思考
領域中可以做到的事情，而非著眼在他們不能做到的事情所投入的努力。
這個「能做」（can-do）的研究基礎是我們課程──「學齡前科學教育的
途徑」（Preschool Pathways to Science, PrePS™）的根基，並且激勵我們
為幼兒設計合宜的科學學習機會。

　　這些研究跟政策發展挑戰了篤信把幼兒描繪為知覺限制（perception-
bound）並且無法從事抽象思考的傳統階段論假設的教育者。許多教育者
可能因此相信幼兒無法從他們從事抽象思考的課室機會中受益，而只在供
給做為他們動手探索式遊戲的材料時得到最佳的照料（Elkind, 1989）。

　　確實，不管是幼兒還是國小及高中學生，甚至部分成人，並沒有準
備好吸收科學跟數學的特定面向。舉例來說，我們並不能保證大學生在
牛頓物理定律以及疾病生物化學的課程上能學到什麼（e. g., McCloskey,
Washburn, & Felch, 1983），然而，幼兒卻可以相當輕鬆地理解或學習某
些科學領域。如同在 Bowman 等人（2001）的報告中所討論的，科學學
習機會很適合孩子探索、尋求資訊，以及試驗以不同的方式去使用材料；
此外，學習如何「做科學」（do science）也提供了讀寫跟算術的經驗。

# 在幼兒園進行科學？

　　有些人大概認為我們對幼兒的能力過分樂觀，畢竟，未來的教育者
持續地學習傳統的階段論。Piaget（1970）、Vygotsky（1962）與 Bruner
（1964）都分享了幼兒有知覺限制以及缺乏詮釋抽象關係的心智結構的

觀點。由於仰賴於「此處與此刻」，孩子並不會在分類任務上使用一致的標準、在數量跟容積守恆任務中失敗、投入於預設因果推理，以及常依賴他們自己的自我中心觀點來判斷別人的觀點。即使當國小低年級的孩子進展到 Piaget 的具體運思期，並開始根據一套一致的邏輯標準來分類物體，以及系統性地等級排序有著不同長度的物體，他們仍被描繪成缺乏理解科學方法跟內容等基本認知能力（Inhelder & Piaget, 1964）。Vygotsky（1962）認為孩子在大約 10 至 12 歲以前，可能無法從事科學推理。

　　有一些可靠的研究發現支持階段論者對幼兒時期的假設，Piaget 的液體保留實驗提供了一個令人信服的實例。四歲大的孩子幾乎沒有通過Piaget 式的保留測驗，即使他們看到兩個一樣的杯子中的其中一杯水被倒入一個較高且較細的杯子，他們斷定最終數量已經不再相同。他們藉著說高的水杯中有較多的水來為他們的不守恆答案辯護。在高水杯的水被倒回原本的杯子後，孩子斷定此時的水量跟開始時是一樣多的，大一點的孩子則在水倒入不同容積的杯子時，對原始的水量持守恆觀點。這是一個關於幼兒如何獲得知覺上的此時此刻（perceptual here and now）特別明顯的例子，還有諸多其他實例（Gelman & Baillargeon, 1983）。

　　考慮到幼兒被物體表面特性誤導的大量論證，人們大概會很合理地問：「為什麼要發展一個關於科學的幼兒園課程？」我們的答案是幼兒為「候任科學家」。他們天生好奇且主動地投入探究他們周遭的世界，更重要的是，他們可以真的發展屬於科學內容範疇的抽象概念。如同上述所說明的，幼兒在他們關於生物—無生物區別的學習中表現良好。在 PrePS 中我們把類似這些的概念成就連接到對科學來說極重要的過程技巧的發展上面，包含**觀察、比較和對照、測量、預測、檢核、記錄，以及報告**。教師為幼兒在示範、引導，以及支持這些技巧上扮演關鍵角色，我們將在這一章的剩餘部分以及全書中進一步探索給幼兒以及老師的 PrePS 價值。

## 超越表象所見的有能

　　我們很幸運在一個頌揚幼年心智所能而非所不能做到的事的時期工作。幼兒曾一度被視為在概念上有所侷限，然而之後的研究已經證明了他們有能力去思考及談論許多跟科學相關的主題（Carey, 2009; Gopnik & Schulz, 2007）。

　　當提供幼兒進一步發展他們已部分認識的知識基礎之機會，他們可以以相當成熟的方式來表現。舉例來說，Novak 跟 Gowin（1984）描述參與一個小學科學個別培訓計畫（tutorial program）中，部分二年級學生比一些十二年級學生對物質的奈米結構有更好的理解。這些研究者得出「學校未能利用幼兒的科學學習能力」的結論，我們同意並且認為這同樣適用於更為年幼的孩子。

　　你可能已經知道有些幼兒是恐龍專家而且可以說出令人欽佩數量的恐龍名稱；當某些兒童看到一張新的恐龍圖卡，他們甚至可以告訴你牠吃什麼以及牠在哪裡生活。如同 Gobbo 及 Chi（1996）所描述的，這些新進的年輕專家以等級階層的方式來組織他們在這方面的知識。當幼兒觀察到一隻有著又大又銳利的牙齒的恐龍，他們接著就會推論這隻動物是肉食性的——甚至會使用「肉食性」這個專門術語。另一個相關證明來自某些兒童想要瞭解精靈寶可夢（Pokémon）角色的動機，這樣的動機讓他們比他們的父母知道更多關於角色的特徵還有它們之間的相互關係（Lavin, Galotti, & Gelman, 2003）。

　　新一代的認知發展研究者已經欣然接受幼兒的概念通常比過往我們相信的還要更進階的這個想法（見第二章），這將我們帶領到確認幼兒概念能力的主要焦點上。越來越多的證據顯示幼兒主動建立聚焦於生物及無生物的原則性區分（principled distinction），以及因果關係的相關概念的知識系統。舉例來說，當被問及玩偶、動物，以及人類內部有些什麼時，絕大多數三歲大的孩子為各類物體提供了截然不同的答案：玩偶內部

有填充物、電池，或甚至是空氣；而動物跟人類的體內（Gelman, 1990; Gottfried & Gelman, 2004）則有血液、骨頭、食物，甚至是**性格**（這是一個五歲孩子自發對 Brenneman 說的答案），諸如此類的結果促成我們發展 PrePS 的決定。無生物與生物之間的差異性以及讓它們移動跟改變的不同條件對科學來說是基礎的，除此之外，這些生物—非生物的發現提供了幼兒可以從已知的歸納出未知的，以及思考未被覺察的，和以階層結構的方式組織知識等等的強力證據，其他關於幼年概念能力的相似發現亦促成發展 PrePS 的決定。

舉例來說，我們現在知道幼兒園年齡的孩子可以推理起因與結果。一個由 Bullock 及 Gelman（1979）所做的早期研究顯示，幼兒可以做出關於潛在起因的合理選擇並假定這些起因是在結果之前發生的。這並非單一與 Piaget（1930）認為因為幼兒缺乏一個假設的機制，會將起因與結果的順序混淆，以及將萬物視為有靈，因此他們為預設因果（precausal）這樣的觀點所牴觸的結果。舉例來說，Laura Schulz 及 Elizabeth Bonawitz（2007）發現幼兒會受激勵而去從探索當中尋找解釋。在一般情形下，幼兒會在拿到一個新玩具時停止玩舊的玩具。在 Schulz 及 Bonawitz 的研究中，幼兒只在這個玩具運作的機械裝置對他們來說是明瞭清楚的時候才有這樣的行為。然而，當幼兒無法理解這個機械裝置的時候，幼兒傾向忽略第二個玩具，並且繼續探索第一個玩具直到他們弄清楚這個玩具是如何運作的。單純一個新玩具的出現並不比他們想要「理解」的這個目標終點動機重要。這個例子說明了一個關於幼兒的重要特質：他們會被激發去重複一個活動，或是問問題直到他們得到他們所尋找的資訊（Chouinard, 2007）。他們以某種方式檢視他們的知識並且持續去探索，提供了幼年心智確實是主動且投入的重複證據。

鑒於這些日益增長中的幼兒能力研究基礎，我們著手判斷如何利用幼兒的自發探索及他們對某些科學概念的知識尋求活動來創造一個支持幼兒園科學學習的課程。為什麼抗拒把幼兒繼續往前推上科學相關學習路徑上的機會？有些幼兒園工作者可能會為這個問題提供一個答案：他們不需

要去研究科學，而且他們也不覺得自己準備好去教科學，他們也不熱衷於要在他們已經排滿的例行事務中再加上另一組活動。

　　很多老師擔憂他們進行科學教學的能力，不過在 PrePS 中使用的科學是以那些對幼年心智的瞭解為基礎，而選擇的主題並非來自物理、化學或微生物的下推課程（pushdown curriculum）實例，老師們也會發現他們並不需要太多額外的努力就能把 PrePS 中某些面向嵌入他們正在進行的課程。他們將能利用科學來鼓勵孩子問問題、解決問題、溝通以及注意細節、將觀察和預測記錄下來、學習可以用來描述他們觀察的術語（terms），以及在課程中持續使用這些術語。對我們來說，幼兒園老師能與 PrePS 合作並從中受益的最佳證據就是很多老師體會到他們其實頗為瞭解科學，就如同他們的學生一樣，他們也渴望學得更多。

# PrePS 的簡介

　　PrePS 透過讓孩子能深度探索重要想法（big ideas）以及學習科學實踐（science practices）與科學語言的活動跟經驗促進科學式學習，這個課程是設計來促進幼兒與老師雙方的教室經驗，幼兒園老師、主任，以及認知研究者以促進教室中的熱忱、新穎的觀點，以及勝任感等目標一同合作。從老師的觀點來看，PrePS 能藉由鼓勵合作跟連結每日教學計畫來減輕慣常的工作負擔。

　　我們決心要滿足幼兒的好奇心並且善用他們積極探索社會與物質世界的傾向，因此，PrePS 盡了特別的努力來發展孩子以可靠的方式獲得資訊的觀察技巧──透過他們對這世界的觀察跟探索，但也透過跟同儕還有老師的討論以及透過從事簡單的實驗。這個課程也以教師支持幼兒提問問題並就與科學相關的主題進行預測的傾向為特色，我們想要孩子瞭解到一個問題可能有一個以上的答案。更重要的是，幼兒在這一整年間需要從各種學習經驗中建立概念與詞彙之間的連結，而 PrePS 將科學歷程的發展融入這個過程的脈絡中。孩子被鼓勵去找出活動、想法，以及字彙之間的關

聯；去將出自某個活動的問題以及解答連結到另一個活動；以及去理解並聯繫隨著時間開展的變化跟順序，就像在植物跟動物生命循環的情況下一樣。

　　PrePS 教師在一整學年間以「一個人學習已經知道的事永遠比從頭開始來得簡單」（Bransford, Brown, & Cocking, 1999; Gelman & Lucariello, 2002; Resnick, 1987）這項學習的關鍵原則來連接學習經驗。這項原則適用於所有學習者，特別是年幼的孩子。舉例來說，一個四歲男孩參加了費城富蘭克林研究院科學博物館的幼兒科學課程，當被問及他在課程中學到些什麼，這個孩子回答：「我學到當他們抽空管子的時候，東西就掉成一團。」再多的提問也無法引出另一個答案。但稍後在中學時，這個男孩將當日在學校藉著嘗試而學習到的東西與他幼兒園的記憶連結起來：「還記得當我去富蘭克林研究院科學博物館然後我們抽空那個管子嗎？嗯，現在我知道那是怎麼一回事了。」我們希望你的學生將學習到足夠的東西以便他們在稍後的學習階段進行可比較的連結，我們的目標是將孩子放置於能提供越來越多建構連貫理解的相關資料的相關學習路徑上。

　　PrePS 讓老師為他們的學生系統性地計畫他們的課程以及安排特定的、可達到的學習目標。教師們可以用對日常世界的系統性探索來引導孩子，以此方式促進諸如觀察、預測、檢核、測量、比較、記錄，以及解釋等科學技巧。雖然本書之後的篇章提供了我們曾如何介紹這些活動的實例，但是瞭解到 PrePS 並非一套有著必須按順序教學的固定單元課程，或是一張孩子必須精熟的無關事實與術語列表是重要的。與此相反，PrePS 是一種仰賴幼兒跟老師的天生好奇心與彈性的取向。

　　在實施 PrePS 時，你不會被要求去準備課堂作業（seat-work）。你不會面對從給年長兒童的教科書中找到的內容所構成的下推課程，你也不會處於僅教幼兒去熟記事實與字詞的情況。提供進行科學活動下推點子（push-down ideas）的課程通常需要學習者已經有複雜程度的背景知識。雖然幼兒能觀察諸如月亮的形狀這樣的事物，卻無法期待他們去理解為什麼月亮改變形狀、它的 28 天週期、它對潮汐的效應，或是為什麼如果人

們在月球上的話可能秤起來會較輕等等。

　　使用 PrePS，你可以將適當的關鍵內容以及科學實踐在課程之間嵌入。你可以利用「概念並非獨立」的這個事實，而是每一項皆從另一項分離出來。這樣一來，你可以建立能幫助孩子建構關於特定科學主題的概念連貫知識領域的學習經驗序列。舉例來說，細想動物這個概念，這種東西能自己活動、呼吸、進食、生殖以及生長。許多相同字彙也能應用到樹木跟其他植物上，不過，植物無法自行移動，也不能跟動物使用一樣的方式來獲取養分。甚至有些三歲孩子可以認出這種差別（Gelman, 2003; Inagaki & Hatano, 2002）。

　　幼兒園的孩子有能力去處理抽象概念，如同我們將在第二章中進一步討論的。貫穿本書的例子說明了概念以及它們相關的口語描述之間深厚的相互關係。細想「球棒／蝙蝠」（bat）這個字，它有兩個非常不同的概念：**一種夜行性動物以及一種運動工具**，這些不同的詮釋導致非常不一樣的推論。舉例來說，如果某人告訴你：「那根球棒是用木頭做的。」你能推論出它是長的、堅硬的，是用來擊球的。你並不會推論牠能進食、有寶寶、於夜間飛行，還有著良好的聽力。

　　PrePS 納入從大量關於系統性知識習得的研究所獲得的經驗，PrePS 在提供學習者：(1) 內容的多種實例以及某個範疇的工具；以及 (2) 使用該範疇的實踐（practices）的重複機會（Brown & Campione, 1996; Dunbar & Fugelsang, 2005; Gelman, 1998）時得以促進。PrePS 也善用幼兒喜於重複一項給定的任務，直到他們滿意自己的表現程度為止的習性。Box 1.1 提供了一個關於這種內在動機的特別動人的例子。

---

**Box 1.1**
## 自發性的自我校正

　　Annette Karmiloff-Smith 及 Barbel Inhelder（1974）設計了一個研究，在這個研究中，幼兒以及國小年紀的兒童被賦予在一根金屬杆子的頂端平衡各種積木的多重機會。孩子假定所有積木都在它們的幾何中心點平衡，但是很快地他們就發現有些積木違反這項原則。隨著活動時間的進行，這些孩子調整了他們的平衡策略，從猜測以及隨機的試驗錯誤方法進展到目的性的嘗試，再到決定積木的哪一側提供了最佳的平衡點。PrePS 從一個關鍵發現中得出：孩子持續嘗試不同的解決之道，即使這意味放棄一個在初始也是行不通的可行策略。孩子在僅是保持積木平衡外嘗試找出積木平衡的規則。值得注意的是孩子能一再重複使用同樣的積木，然而，如果這些作者未曾以不太一樣的方式重視這些積木的話，這些孩子不太可能被激發去搜尋特定種類的規則（例如：如何平衡看起來類似但是有著不同內部的積木）。

---

　　許多孩子有一再數算某個東西的習慣，包括腳步、人行道上的裂縫，或者當他們坐在車裡時所經過的電線桿數目，孩子也會自發地去重複一個特定的活動。這些傾向的投入程度多高會與孩子所面對的環境種類極其相關，如果沒有提供孩子關於科學的各種不同環境，他們不太可能去創造它們。即便他們去創造這樣的環境，也不保證孩子會知道如何去使用以及思考它們。PrePS 教師藉由提供孩子科學的學習以及探索一個概念的重複（普遍存在的）與相關（一再重複的）機會來扮演關鍵性的引導角色，重複與普遍性促進了有組織的學習。

　　圖 1.1 提供了一個在 PrePS 課程發揮作用的重複與普遍性原則實例。九月時，一班四歲幼兒追蹤了他們的一隻鞋子。當孩子被問及這隻鞋子多大時，他們有些難以回答。這一個同樣的活動在每個孩子換了更大號的鞋子時便重複進行，因此一整學年間，幼兒在他們的科學日誌裡做了數個鞋

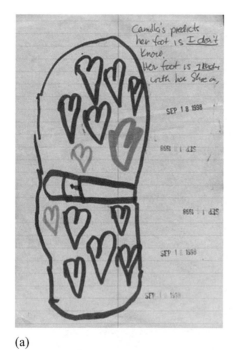

(a)

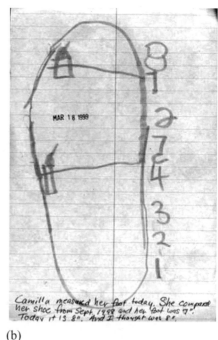

(b)

圖 1.1　PrePS 經驗前後的日誌紀錄

子的紀錄，他們也學習寫數字以及適當使用日期戳章。這些發展是由於將測量跟加註日期的活動隨時隨地嵌入各式各樣的科學學習機會中，這顯然也有助於幼兒科學日誌中條目品質的轉變。如在圖 1.1(a) 所見的，在學年初始，一個孩子以愛心裝飾她的鞋子並且在頁面上到處蓋上日期，當被問及她的鞋子多大時，這個孩子說她不曉得。在學年稍晚時，在這個孩子測量她的新鞋之前，她的老師要她去進行預測。她在該學年的那一個時間點有能力去做這件事，再者，在她測量鞋子後，她自發地沿著它的右側寫下數字〔見圖 1.1(b)〕。這個孩子的自發性使用數字也值得注意，因為她將它們與測量連結。藉著掃視這些日誌紀錄，老師可以記錄語文與繪圖技巧的進步，日誌成為一項關於孩子在學年間進展的無侵略性資訊來源。

　　圖 1.1 說明了另一項 PrePS 課程的關鍵特色：確認在日常環境中有科學工具。雖然幼兒是自動自發地探問與發現，但是他們通常對這些自然科

學工具（例如：尺、放大鏡、砝碼跟天秤、日期戳章）以及科學的特定字彙（例如：觀察、預測、研究、記錄）並不熟悉，PrePS 提供孩子以簡單但正確的方式去使用這些工具與字彙的經驗。隨著學年進行，由於擁有許多在成人的協助下使用這些工具跟字詞的機會，孩子開始理解如何獨立使用它們。

　　雖然 PrePS 強調科學思考的發展，它還包含了許多其他社會與認知技巧：數學與數字能力、早期讀寫與語言技巧、社會溝通，以及情緒敏感度。數學技巧在孩子實作科學時數算、測量，以及比較數量而獲得支持。同樣地，讀寫能力在孩子記錄並註明他們的觀察日期，以及找出可以回答他們問題的書籍時得以提升。科學也需要孩子去批判性地思考以及去比較與對照來自不同來源的證據。

　　研究活動有助於發展超出傳統上視為屬於科學範疇的能力。PrePS 強化了基本決策與問題解決技巧，因此讓孩子能自己去探索和詮釋資訊，而非只是接受權威者所提供的東西。科學需要能鼓勵與尊重他人意見這樣的個體間團隊合作。分享、尊重他人及其想法，以及合作是科學家跟幼兒必要的社會技巧，這個科學的廣泛概念提供了一個觀看以及重新評估典型幼兒園活動的視角（lens）。幼兒園教室裡早有許多進行科學活動的機會，舉例來說，故事時間可以包括紀實類的科學書籍或是科學主題的故事（見第三章以獲得更多建議）。如果教師把分享時間納進教室時間表，他們可以引導幼兒分享選擇以便他們連結到一個正在研究中的主題。舉例來說，做為「改變」這個科學概念探索的一部分，幼兒可以把「會改變的東西」納入。幼兒的選擇——在我們的經驗中曾包括變形玩具（transforming toy）、手電筒、一套換洗衣物以及冰塊等各式各樣的物體——創造了討論「改變」是什麼意思，以及他們已經對這個現象瞭解了多少的機會，Box 1.2 說明了幼兒和老師可以如何在團體時間一起探索科學概念。

---

**Box 1.2**
**昆蟲有心臟嗎？**

---

　　做為內部與外部探索的一部分，幼兒被要求去想一想螞蟻跟蟑螂的身體裡可能是什麼，並且去預測它們兩者之間相同的地方為何。有個孩子提出這兩種昆蟲內部都有心臟，但是另一個幼兒並不同意這個想法，因此老師邀請班上來投票。雖然同學都同意螞蟻跟蟑螂都有心臟，但這個孤單的異己者還是不肯退讓，這激發了一場關於什麼樣的東西會有心臟的討論。有個孩子推論說螞蟻跟蟑螂都是生物，然後所有生物都有心臟，另一個幼兒則指出植物也有生命但並沒有心臟。在聆聽過同學的想法後，這個持懷疑論的幼兒提議來做個研究以便找出一個確切的答案。

　　這個班上的幼兒正在學習科學事實（例如：螞蟻跟蟑螂是生物）以及科學字彙（例如：「研究」），他們使用了思辨能力（critical thinking）技巧（例如：植物是有生命的，但是它們沒有心臟）來提出相關的訊息。這些例子也描繪了 PrePS 如何鼓勵社會與情緒的發展：某個幼兒擁有自信去表達跟班上不同的意見，然後其他幼兒也能尊重他的不同想法。

　　當科學被理解為一種藉由提問以及回答問題來研究這世界上的物體與事件的過程，這樣的科學性過程能統整進學校的一天以及納入各種不同的活動當中。科學並非是得擠進教室時間表中某個特定時段的一堆不相干活動，PrePS 課程的一個核心原則是某個領域當中的經驗與學習會導向其他概念相關領域的學習跟理解。舉例來說，在學習人體知識的時候，幼兒可能會探索不同身體部位的形式與機能（例如：牙齒、關節、胃、腦、腿跟心臟的形狀跟用途）。當孩子開始思考其他種動物的身體時，他們會因為可以建立在他們已知的知識上而更有效率地學習，並且推斷出某個探究領域（例如：人體各部位的形狀與用途）與其他探究領域（例如：動物身體各部位的形狀跟用途）之間的關聯。隨著孩子開始獲得新的資訊並且在不同領域間應用知識，他們會對他們的理解能力感到自豪，也會因為發現

新事物而感到喜悅，他們對自己在教育裡做為積極的合作者感到滿意，這些片刻鼓舞幼兒去學習更多並朝向「發現」這個目標共同努力。

隨著你閱讀本書，你可能會回想起下列部分或全部的概念：

- 老師做為促進者而非講課者的萌發課程。
- 積極主動的「動手做」探索。
- 整合性遊戲。
- 主題概念網（webbing）。
- Reggio Emilia 課程（Wurm, 2005）。
- 蒙特梭利（Montessori）。
- Vygotsky 以及近側發展區。
- Piaget 將孩子視為會建構他們對世界理解的主動學習者觀點。

的確，我們受到其他課程以及理論諸多面向的影響——尤其是當它們與我們思考以及實行科學的理念重疊的時候。許多幼兒園教師已經藉由鼓勵孩子提問、解決問題、溝通、在小組中工作與遊戲，以及注意細節等方式將 PrePS 的部分元素納入他們的教室裡，這些是可以應用到各種內容領域的思考技巧，然而它們的使用方式跟內容可能會有所不同。例如，如果孩子在進行午茶派對的扮演，他們需要去選擇與他們扮演腳本有關的物件，例如玩具茶壺、小杯子及小湯匙等，而科學中的支持物（props）應該是要能鼓勵探索以及思考關於世界上物質本質的物件。

在 PrePS 中，科學並不是一套死板固定的精密實驗、公式跟規則，更確切地說，科學指的是一種態度——一種觀看這個自然世界的智性取向（intellectual approach）——使用提問跟回答問題的一種探究方法（以及接受其他解釋的意願）。實施 PrePS 需要教學上概念取向的改變，但這不必然需要學習環境上的全面翻修。身為老師，你會以越來越具結構性、合作性，以及概念上聚焦的方式去思考及研究（以及鼓勵孩子去思考和研究）。

第二章回顧更多關於哪些是幼兒所知以及如同 Bowman 等人

（2001）所指出的「極切想學習」的主題領域。這一章同時描述能透過概念上互有關聯的學習經驗引導你及學生的 PrePS 架構。第三章概述了如何在不同的內容中使用科學實踐。第四章討論了整個學年中做為主要或補充課程的 PrePS 的用途。最後，第五章則探究關於評量的種種議題。

# 結論

　　某些重要的概念散布在本書中。首先，在學習科學的過程中，關於這個世界的知識與科學工具跟科學實踐有關。同時，「概念─語言」與「實踐─工具」這兩個面向形塑了如何表徵及實踐科學的連貫取向。

　　在教導科學的概念─語言這個面向時，應該考慮以下項目：

- 概念並非獨立的，它們是以連貫的方式來組織並且支持推論。
- 對字彙的理解與對相關概念的理解有關，在某種意義上，概念以及與它們相關的詞彙就像是一枚硬幣的正反兩面。
- 如果一個人已經對某個概念有部分理解，關於該概念的進一步學習就較為容易。
- 幼兒使用他們所知的來積極投入他們的學習。
- 幼兒擁有關於某些核心領域的系統知識（見第二章）。
- 提供幼兒多元且相關的例子給了他們積極參與概念與語言學習的機會，抑制這類機會就如同製造了一個剝奪（deprivation）的環境。
- 學習一個概念及其語言的重複與普遍機會是概念發展的重要條件，但這需要時間以及老師的計畫。
- 與彼此之間互有關聯的計畫活動跟學習經驗能幫助幼兒發現這些關聯性。

　　在進行科學實踐的教學時，應該考慮下列項目：

- 仔細的觀察是獲取資訊的必要要素。

- 預測跟檢核是基礎的科學實務。
- 比較與對照同樣是基礎的科學實務，它們可以通向變數（variable）的概念。
- 資料應該以繪畫與書寫的方式記錄，並且使用數字來表徵它們。
- 作品應該加註日期。
- 科學性詞彙應該在脈絡當中使用。
- 環境當中應該要充滿工具（例如：尺跟測量儀器、磁鐵等等），亦需提供如何使用這些工具的說明以及以這些指導方式來使用它們的機會。
- 有機會讓孩子去傳達、交流他們的發現。
- 花點時間在新的概念、想法以及技巧上，在你鼓勵孩子去練習、探索以及建立理解時保持耐心。

# 概念的本質與發展：
# 對學前科學教學的啟示

藍依勤　譯

Alex：（三歲大）「那是什麼意思？那部車死掉了？」

媽媽：「為什麼？」

Alex：「車子不會死掉。」

媽媽：「為什麼不會？」

Alex：「它們不是人啊。」

媽媽：「所以呢？」

Alex：「人讓車子能動（go），車子不行。」

　　Piaget（1930）在其早期著作中曾訪談不同年齡階段的孩子關於他們對這個世界中的事件和物體的認識，他提出學前階段的幼兒是普世萬物有靈論者的結論，因為他們傾向認為世界上所有的東西幾乎都有生命，包括腳踏車、山，還有太陽。普遍而言，發展理論告訴我們學齡前幼兒沒有能力形成抽象概念、做出推論、區分生物和無生物，或是瞭解反事實（counterfactuals）等等。然而，Alex 的推論本質顯然跟萬物有靈論的歸因以及傳統發展理論不一致（Gelman & Baillargeon, 1983）。回想一下，學齡前幼兒特別擅長於區分跟推論關於有生命和無生命物體的關鍵部分

（見第一章）。

　　更多有關以嬰兒及幼兒為對象所進行的生物與無生物區辨的研究發現由 Gelman 及 Opfer（2002）所概述。Poulin-Dubois（1999）進行的研究提供了一個以 9 及 12 個月大的兒童為實驗對象的動人證據實例。她指出這兩個年紀的嬰兒看見一個機器人自行移動時──一件無生物無法做到的事，他們感到驚訝。另一個相關發現由 Spelke、Phillips 及 Woodward（1995）提出，這些作者讓嬰兒觀看兩個事件之一：(1) 某個人橫向行走然後在碰觸到第二個人之前停下來，彼時，第二個人橫向移動遠離第一個人；或是 (2) 一塊長、寬、高皆相同的積木橫向移動，然後在碰觸到第二塊大小相同的積木之前停下來，彼時第二塊積木橫向移動遠離第一塊積木。在這兩個事件中，這一對物體之間都沒有接觸。嬰兒對看到積木自行移動感到驚訝，但他們卻從容看待第一個事件。這意味嬰兒預期無生物不會在隔開一段距離下互動，從而產生一個因果的結果。相反地，他們對於有生命的實體移動的原因似乎來自於本身時並不感到驚訝；因為這是一個預期之中的結果（Baillargeon, Yu, Yuan, Li, & Luo, 2009）。

　　這類結果與用來支持傳統階段論發展取向的研究發現有所衝突，我們如何調解它們？這個答案與發展理論中個體的運作有關。

## 更多與理論有關的

　　在學習與認知科學中，相當多的關注挹注於知識獲得的一般領域（domain-general）理論與特定領域（domain-specific）理論之間的區別。訊息處理論正是一個一般領域實行的實例，理論重點為影響諸如工作記憶、處理速度、注意力、抑制、辨識、回想，以及遺忘等過程的條件（Kail, 2007; Munakata, 2006; Perlmutter, 1980）。發展與運用這些過程的能力提升有關。舉例來說，隨著處理速度的增進，幼兒在特定時間間隔內能領會的資訊數量也隨之增加，知識的建立被假定為出自於有利連結強度條件下的連結過程。從發展的觀點來看，我們假設知識根據連結來自世界

所投入的知覺或感知資料的機會而成長，並且一點一點或一部分一部分地建立。在這個架構內，老師的任務是去鼓勵幼兒獲得觀念與技能，這對教師的成果目標來說是至為重要的。

階段理論，通常稱為發展理論，也做為認知發展的一般領域報告的例證（Bruner, 1964; Inhelder & Piaget, 1964; Vygotsky, 1962）。它們致力於包括嬰兒在內的每個人都有與世界互動以及瞭解這個世界的強烈傾向的觀點，更進一步而言，它們同意可用的心智結構影響了學習者所注意跟吸收的東西。雖然嬰兒被假定一出生就有學習的動機，但是他們並不被認可具有促進學習的初始認知偏誤或是認知結構。大約兩歲左右這個階段的最高成就是幼兒能開始象徵性思考的心智結構發展，這允許學習者去表徵然後能回想過去、模仿、從事扮演遊戲、當物體不在視線內時能視它繼續存在，以及開始使用有意義的字詞。因此我們認為這些感覺動作期的不同成就是由於一種新的、一般的心智形式或結構，這項成就通向了知覺階段（the perceptual stage），一個我們特別關注的階段。根據 Piaget 對心智的描述，幼兒應該會在數項概念任務中失敗，他們確實如此（e. g., Piaget, 1952），幼兒在分類與保留這兩項任務皆失敗。當給幼兒一套在形狀跟顏色都不同的積木時，一項合理組織它們的方式可能是將所有紅色且只有紅色單色的積木放在一堆，所有藍色且只有藍色單色的積木放在另一堆，諸如此類等等。然而，孩子以積木製作物品，例如一列火車或是房子，或是先將兩塊黃色積木放在一起，接著轉而配對這些積木中的某個形狀等等（Inhelder & Piaget, 1964）。Bruner（1964）及 Vygotsky（1962）使用了略為不同的任務，但是卻報告了相同類型的資料。

著名的 Piaget 數量守恆任務，連同在第一章中回顧的液體量守恆任務，補充說明了幼兒園孩子仰賴知覺資料（perceptual data）來解決推理問題的實例。舉例來說，當一個四歲小女孩看著成人擺放兩列洋芋片，讓它們彼此相對，她同意這兩列洋芋片數量相同。接著，在她觀看時，這名成人將其中一列攤開並再次詢問她這兩列洋芋片是否有同樣的數量。現在，這個孩子說較長的那一列洋芋片比另一列較多。顯然其中一列在長

度上的改變足夠讓她否認這兩列物體間的數值相等。也許更令人驚訝的
是，當較長的一列變回它原先的配置時，這個孩子再次說，兩列洋芋片有
著相同的數量。將物體換成硬幣、餅乾、花或是玩具並沒有任何影響。就
所有狀況而論，彷彿「攤開」這個動作就足夠讓某個集合當中的物件數
量改變。在大概二或三年內，當這個孩子觀看她較年幼的影片時，她感到
非常驚訝。就像其他六、七歲的孩子一樣，她現在能超越無關的長度變
化而數量守恆。通常，這個年紀的孩子會看著大人，彷彿要問：「為什麼
你要用這麼顯而易見的事實來煩我啊？」一般。確實，本書第一作者清
楚記得當一個六歲的孩子抬頭看著她並說「女士，這真的是妳謀生的方
式嗎？」（See Gelman & Baillargeon, 1983, for a review of other studies by
stage theorists.）。

　　立基於傳統階段論的幼兒園課程鼓勵使用道具的動手做活動（hands-
on activities）──那些最終意在提供支持分類、排序（樹枝、腳步、不同
長度或寬度的圓圈）、數量守恆以及其他抽象概念等等使用心智結構的活
動，在這些課程裡，有許多傾倒液體跟沙子、玩可分類的積木，諸如此類
的機會。如果老師在 Bruner 或 Vygotsky 的理論架構下教學，他們也會聚
焦於語言以及對話技巧的發展上。一位老師有能力做到這一點需要利用幼
兒一項可觀的能力──他們的語言與對話能力。

　　當幼兒開始說話時，他們每天大概學習九個字（Carey, 1985; Miller,
1977; Templin, 1957），然後在小學一年級時大概有一萬個字的字彙量，
他們也展現了大量的對話技能。本章開頭由 Alex 所啟動的對話是一個在
對話主題為幼兒已知或欲學習的事物時其對話能力（competence）的很好
實例（Danby, 2002; Shatz & Gelman, 1973; Siegal & Surian, 2004）。

　　Gelman 及 Shatz（1977）報告了一個對話技巧的實例。當四歲幼兒負
責向一個兩歲幼兒、一個同儕，以及一個成人解釋一個複雜玩具的任務
時，他們會根據夥伴的年紀（並假定其理解程度）來調整他們話語的長
度、字彙，以及語法。舉例來說，當一群四歲幼兒對兩歲幼兒說話時，他
們使用有著大量注意項目（例如：「聽著」）以及指揮（例如：「把它放

在這裡」）的短的句子。當同一群幼兒對一個成人說話時，他們使用比他們跟同儕說話時更長的句子。他們也使用社會語言學的方式來標記地位的認可：一個幼兒對一名成人說：「我想你可以把瓦斯（gas）放進這裡。」但是對其同儕則為：「你可以把瓦斯放進這裡。」使用「我想」是一種承認聽者知道得更多的方式。標記相對地位方式的初期學習在各語言間極為常見。當被介紹給一名說義大利語的四歲幼兒認識時，本書第一作者使用一常見問候的正式版本，該幼兒轉過身，以不只一點輕蔑的口吻展現（用教學的口氣）打招呼的非正式版本來回應，這個孩子知道後者才是成人對孩子說話的正確社會語言學規則。

　　參與相當複雜對話的幼兒示範了早期能力的另一實例，這項能力落在社交（sociality）的主範疇中，它引導了幼兒做為社會個體的角色學習。為了展露對話的能力，人們必須對談話主題有點瞭解，以及考慮他人的觀點，並且以恰當的方式來回應對方。在成人中很容易就產生自我中心的談話——只要要求他們去告訴另一人有關一個他／她一無所知的主題就行了，這同樣適用於兒童。只要孩子能談論他們懂得的事物，他們就能為不同的人與脈絡調整他們的訊息。回想一下 Alex 的問題：「那是什麼意思？那部車死掉了？」現在應該很清楚這個問題是由孩子對無生物跟生物之間抽象差別的知識所促動的，所以具備特定陳述的適當性。在他的理解中，「死掉的」並不是個應用至車子之類的東西的字詞或概念，這將我們帶領到需要去考慮能接納這種早期能力發現的那種發展理論上。

　　認知發展的特定領域理論建立在一個主要的概念：幼兒甚至嬰兒會積極參與跟學習某些內容領域或範疇（參閱第一章）。特定領域的報告（Gelman & Lucariello, 2002; Gelman & Williams, 1998; Spelke & Kinzler, 2007）提供發展論者（e.g., Bruner, 1964; Gibson, 1970; Piaget, 1970）一個假設：「幼兒生來就會學習」。然而，它藉著認可年幼學習者對於某些特定內容領域的骨架（skeletal）知識結構，包括社會互動、數字與數量、空間、生物領域的部分主題，以及關於實物的知識，來破除一般領域階段理論。

　　我們使用骨架知識結構的比喻來說明可以毫不費力學習核心領域的這個概念，它顯示了現有知識頂多只是一個「它將會是什麼」的大綱，但它為進一步的發展提供了一個基本架構。如同我們已經討論過的，每個人都傾向於學習更多他們已知的事物，因此準備好學習的心智就是有效的學習。不管現有的架構可能多基本，它運用這些既有的架構來尋找並內化（assimilate）環境中可以用來充實每個潛在知識體系的資訊；其結果就是特定結構相關知識的增長（e. g., Gelman & Williams, 1998; Spelke, 2000）[1]。

　　自然數（計數數字）在這些核心領域之中。它是以不連續的數字概念、加減法運算以及排序（Dehaene & Changeux, 1993; Gallistel & Gelman, 2005）來組織的，因為基數的概念獨立於物件類型或特色外，所以孩子能在不管它的構成成分之下數算一個集合，不管那物件是椅子、當天到學校的孩子、朋友，或是午餐桌中的空位。因此老師應該鼓勵孩子數算異質的套組、比較他們的計算，以及思考加與減的結果。雖然文獻沒有提供任何將數（number）經驗限制於計數（counting）之下的理由（Campbell, 2006; Gelman & Gallistel, 1978），許多幼兒園數課程均缺乏將計數連結到算數（arithmetic）跟排序的建議。

　　在因果關係的範疇裡，事物以不同方式組織，此處所關注的是世界上的事物本質以及它們如何改變跟移動。如果某人想移動一個物體，他需要知道它多重與多大，它是否能往下一小段樓梯，以及它是否朝你移動。空間的核心領域是關乎於一個特定配置中的位置（places），以及組織它們與周圍邊界之間距離與角度的幾何學，這些甚至能勝過表徵可移動地標的屬性（Cheng & Newcombe, 2005; Hermer & Spelke, 1996）。幾何學變項適用此領域的最佳證據來自於某些研究，在這些研究中，幼兒及成人首先會被展示一個放置在一間有著一面亮色系牆壁的長方形房間特定地點的

---

[1] 核心領域是由在學校稍晚期才會學到，且通常具有相當難度的非核心領域被區別出來（Gelman, 2009）。然而，在每個個案中不同領域則以不同核心概念和組織原則為特色。

特殊物體，接著矇上眼睛並旋轉幾圈後，要求他們指向或走向該物體。在這些條件下，每個人是利用該房間的幾何資訊而非那面彩色牆壁地標。舉例來說，如果該物體靠近於右方長牆與房間後方短牆相交之處，那麼所指的這個方向或是一個指向即為斜對角，也就是幾何上相等的角度。每當我們從一棟建築物走出來並開始走往錯誤的方向時，我們都有協助突顯這個重要結果的經驗。過了一會兒，你注意到這些地標錯了，現在你得轉180度，最初的移動仰仗你內含的幾何知識，然後你要花一點時間去注意地標。幼兒會做同樣事情的這個假定給了教學啟示：我們可以鼓勵孩子嘗試畫出表徵他們散步內容的地圖，甚至可以是從一個房間到另一個房間的小遠足。當我們跟孩子一起進行了這些，我們對他們能如此投入活動感到欣慰。本書第一作者讓她的大學部學生追蹤四歲幼兒依據繞著他們教室外散步的反覆機會而在地圖上所做的改變，在一些要注意什麼依附於地面上以及什麼東西不會移動的暗示下，孩子的地圖呈現了顯著的改善。

特定領域取向的一項關鍵特色是：它接受不同的領域可能會以不同的方式處理同一個物體；舉例來說，某個物體的材質並不重要，如果這個活動只是一個單純的數數活動。不論材料種類是什麼，數量領域的原則都適用。另一方面，物質在某人判斷世界上某個新生物的生命程度（animacy）狀態時便相當重要。概念並非單獨自立的，它們以支持預測與推論的方式來組織。

由於孩子已具備部分知識的領域會與學前科學資源的範疇匯合，幼兒科學學習經驗的發展趨勢會愈來愈強勁（e.g., Gardner, 1991）並不令人驚訝。PrePS 從已具備核心領域某些基本能力的主動學習者理論性支持中發展，我們因此決定將特定領域取向應用至學前科學教學上，以協助教師幫助幼兒用延伸他們現有知識的方式來學習。

# 從理論到實踐

在讓一般領域取向的課程適應 PrePS 的發展時，我們想要在幼兒建立

關於科學概念的進階連貫知識時，提供建立在他們已經具備的知識上的教育機會來支持他們。回想一下，關於特定領域理論的兩個關鍵概念為：(1) 概念、語言，以及它們的使用是互有關聯的；(2) 讓幼兒學習更多關於他們已知的比學習無關的材料來得簡單。由於這些原因，教師應該提供在概念上由一個「重要科學想法」所連接的多元、有組織的學習經驗，讓孩子隨著時間利用一個概念去練習思考、討論（talking）以及研究以建立起較深度的理解。

# 發展 PrePS 架構

> 身為一個老師，並非是我想要孩子做些什麼，而是我想要孩子思考些什麼……於是（我問我自己），他們該做些什麼以更好地理解這個概念？
>
> ── JS，PrePS 教師

我們稱一個大的科學想法為**核心概念**（意指教師希望孩子去思考和記住的東西），孩子透過一系列相關學習經驗來探索並學習這個核心概念。一些可供在 PrePS 教室探索的科學概念為改變（change）與轉變（transformation）、形式與機能、生物與無生物之間的區別，以及系統與互動等等。由於這些概念非常廣泛且能以許多方向來引領班級，教師通常選擇研究一個次類別或是一個核心概念的某一面向。舉例來說，聚焦於改變和轉變的老師可以選擇一個特定的改變類型來探索：生長與變態、季節性的變化，或是物質（substance）與物質（matter）（例如：液體與固體）的改變。這些主題的每一項都能依次透過各種探究領域來學習。舉例來說，透過生長與變態而改變的學習可以包含諸如毛毛蟲轉變為蝴蝶、種籽長成植物然後再回到種籽，以及嬰兒長成兒童等等的探究領域，我們稱這些探究領域為**焦點**。PrePS 中的焦點與許多幼兒園課程中的部分主題（例如：人體、寵物、秋天）有些相似，然而在 PrePS 中，教師在整個學

年間利用它們彼此以及透過基本核心概念來連結這些焦點。在這個取向下，秋季（舉例來說）就不會是一個在交通工具之後、感恩節之前所出現的主題；它是一個較大探索的一部分，並且連結到先前已經出現以及那些教師已經為未來所計畫的學習機會上。

　　一旦教師選擇一個 PrePS 的中心概念，學習跟探究的目標就能隨之界定，這些學習目標**連結**了幼兒即將探索的內容。試想「**生長**」這個概念，教師可能設定一個主要目標讓幼兒去發現：(1) 生物需要什麼來生長；或是 (2) 植物和動物的生命週期如何相似？在學習有關季節性變化的概念時，該連結可能是讓孩子去思考季節性變化如何影響生物。這些概念上的連結交織貫穿了計畫好的學習經驗。

　　舉例來說，生物生長需要哪些東西可以利用聚焦於人類、植物跟動物的生長經驗來探究。聚焦於植物的探索機會可能包括嘗試讓種籽在有水及沒有水的情況下發芽、用不同水量來種植植物、試著在不同物質（例如：土壤、石頭、沙子）中種植種籽，以及把盆栽放在教室的不同位置，藉著測量莖或根來比較它們的生長率等等。注意這些經驗介紹了檢核光線、水以及生長媒介在生長結果效應的簡單實驗。相同地，為了幫助幼兒思考人體如何隨著從嬰兒長成兒童再長成成人變化，老師可能包含下列活動：測量腳或是手等身體部位、製作呈現有多少幼兒的腳長是 5、6、7 英寸長的圖表、帶來嬰兒的照片以便幼兒可以比較他們嬰兒時期及現在看起來的樣子，保存鞋子或衣物尺寸變化的紀錄等等。這些只是幾個教師可以計畫來將不同學習機會聯繫到核心概念的少數例子，主要要點在於使用 PrePS 的教師要為每個焦點計畫出各種體驗。事實上，你可能已經在思考你想要提供給學生的各種相關學習經驗。

　　圖 2.1 描繪一個使用於 PrePS 的經驗網，核心概念被置於這個課程計畫的中心，這個科學概念透過源自中心概念「透過生長改變」的數個焦點（植物、人類跟寵物）來探究，幼兒具有許多在各個焦點範圍內研究這個概念的機會。經驗組群集了每個焦點，然後數個焦點從核心概念發展，學習目標則連結了這些探究領域。在觀察生物需要什麼東西來生長時，水跟

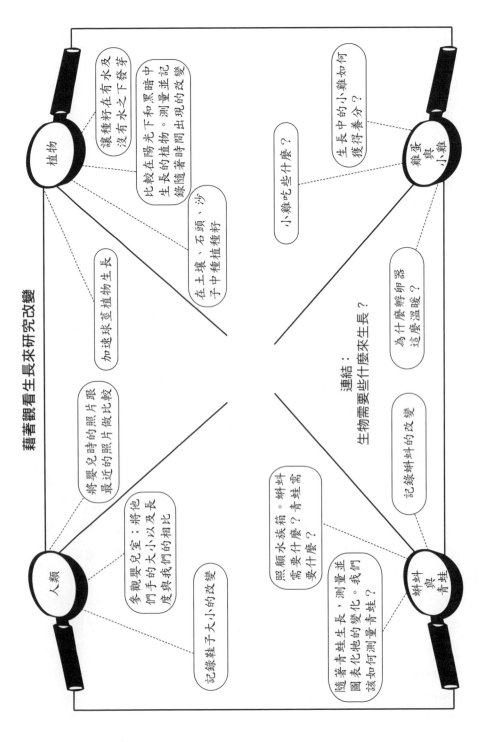

圖 2.1 經驗網：透過生長改變

養分貫穿了這個經驗網當中的不同焦點。

　　做為另一個例子，為了學習關於結構的知識，一個班級可能會討論人體、家庭，以及住家（見圖 2.2），橋樑目標（bridging goal）可能是讓幼兒探索這些讓人類生存的結構形式的重要性。雖然幼兒無法理解所有基本的抽象演化意涵，但是他們仍可以參與探索形狀和結構如何影響日常動作與行為的活動。連結至房子結構的日常經驗可以包含下列內容：

- 繪製或做一個自己家的模型（在父母的協助下）。
- 繞著學校的鄰近地區走一走以觀察不同形式的人類住家。
- 製作學生居住的房子形式的圖表。
- 利用團體討論跟研究，孩子能比較與對照他們的住家與居住於與他們所處之處不同氣候與環境的人們所建造的遮蔽處。

　　出於同樣的脈絡，幼兒可以探索家庭為什麼重要，以及家庭成員在幼兒的日常生活中扮演什麼角色。家庭形式與家庭功能的抽象概念可以透過下列幾種動手實做、動腦的經驗來說明：

- 訪談其他幼兒關於哪些家庭成員住在附近以及遠處，以及他們有多少個手足或阿姨／姑姑。
- 數算彼此家庭中的成員人數並圖表化有兩名、三名、四名，以及更多家庭成員的數量。
- 描述數代同堂的家庭（extended families），接著繪製簡單的家族樹以更加理解祖父母、父母、阿姨／姑姑以及叔伯之間的關係。

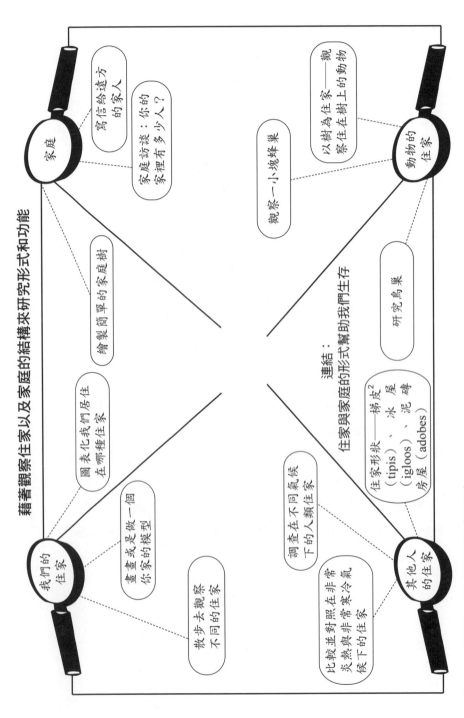

藉著觀察住家以及家庭的結構來研究形式和功能

**家庭**
- 寫信給遠方的家人
- 家庭訪談：你的家裡有多少人？

**動物的住家**
- 觀察一小塊蜂巢
- 以樹為住家——觀察住在樹上的動物

**我們的住家**
- 繪製簡單的家庭樹
- 圖表化我們居住在哪種住家
- 畫畫或是做一個你家的模型
- 散步去觀察不同的住家

**其他人的住家**
- 研究鳥巢
- 住家形狀——樹皮²（tipis）、冰屋（igloos）、泥磚房屋（adobes）
- 調查在不同氣候下的人類住家
- 比較並對照住在非常炎熱與非常寒冷氣候下的住家

連結：
住家與家庭的形式幫助我們生存

圖 2.2　經驗網：形式跟功能（結構）

2 譯者註：是一種圓錐體狀的帳篷，由樺樹皮或獸皮製成，流行於北美大平原上的美國原住民中。

- 寫信或畫圖郵寄給大家庭的成員。
- 瀏覽雜誌以尋找有關家庭的圖片並編造關於這些圖片的故事。

　　一個四歲與五歲幼兒班級的老師研究形式和功能的相同核心概念，但是使用不同的目標來連結幼兒的學習經驗。他們決定經由觀看生物移動的方式（意即運動）來研究這個概念。老師們想要孩子開始理解身體結構決定了不同動物移動的方式這件事，他們選擇把他們的探究（inquiry）聚焦於人類跟在空中、陸地，以及水中移動的動物上。在數個月的時間中，孩子研究了人類、鳥類、松鼠、魚跟海豹的身體結構以探索在不同物種中的運動問題（例如：有翅膀讓飛行變得可能、有蹼讓游泳較為簡單），圖2.3 說明了為此班級所設計的經驗網。

　　在特定的一年中，大多數的老師只用一或兩個中心概念去架構他們的 PrePS 課程。可用來闡明一個特定核心概念的焦點與學習經驗是數不清的，而老師所設計的學習經驗能跨越許多課程領域。圖 2.4 呈現了一張教師能用來概述他們提供做為支持孩子學習某個特定核心概念與焦點的經驗，以及達成其他重要課程目標的週計畫表。當事先編製好一份關於學習目標以及連貫的學習經驗的縝密規畫，一份屬於你的教室的可行計畫將從許多可能性之中萌發。

　　表 2.1 列出了一些幼兒和教師曾有過成功活動的核心概念以及次類別，雖然它們之中有些對幼兒來說可能看似有些艱澀，但請牢記形塑奠基我們取向的那些研究。有許多其他可能性存在，而有些隱微的概念甚至比那些特寫於表 2.1 中的概念還要來得更為基本。舉例來說，生物與無生物之間的特性具體表達了維持改變的特定能量來源的概念。有生命的物體創造它們自己的能量，無生物則根據某些外在的能量來源移動與改變。然而我們對鼓勵使用能量做為核心概念感到猶豫，因為對它的理解仰賴物理與生物的進階知識。能領會生物自行移動是因為它們的身體構造這個想法的孩子，將在他們去上學時處在一條學習更多生物相關的學習途徑上，相同地，學習供給無生物所需的改變條件的孩子，將擁有學習物理的相關知識基礎。教師可以從預備孩子熱切渴望在未來學習更多科學之中獲得樂趣。

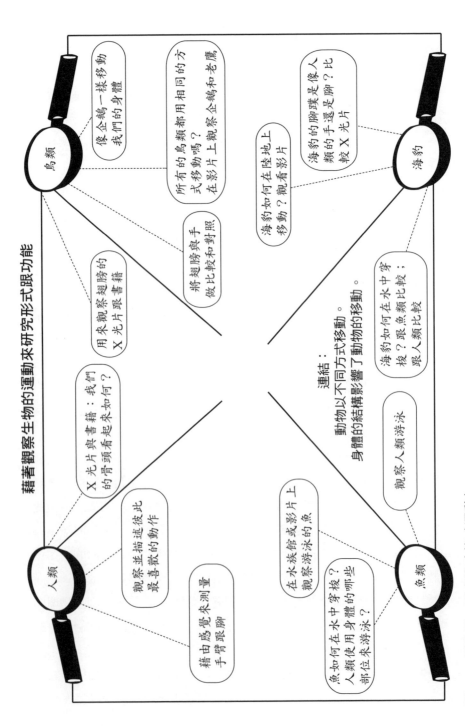

圖 2.3　經驗網：形式跟功能（運動）

| 週計畫表 | 第_____週 |
|---|---|

我們正在探索_____

（核心概念）

透過_____

（次類別）

藉由探索_____

（焦點）

它／它們是如何受到_____的影響

（連結）

## 我們的活動會包括

科學探索


數學與計算


語言與識字／讀寫


知覺（perceptual）與感官（sensory）技巧


創造力


## 圖 2.4　週計畫表

（續上頁）

| 週計畫表 | 第二頁 |

戲劇遊戲與想像力

音樂與律動

精細／小肌肉動作

大肌肉動作

戶外探索

社會—情緒

來自家中的物品

表 2.1　可能的中心概念與相關想法的實例

| 改變與轉變 | 系統與互動 |
|---|---|
| 　生長與衰敗 | 　生態系統 |
| 　季節性的／天氣 | 　共生關係 |
| 　可逆的／不可逆的 | 　血液循環 |
| 　物質（substance）／物質（matter） | 　管道系統 |
| 　　（例如：液體、固體、氣體） | 　棲息地與氣候 |
| 　生物／非生物 | 形式與機能 |
| 有生命／無生命的區別 | 　動物與人類活動 |
| 　生長與衰敗 | 　動物與人類的家 |
| 　內部／外部 | 　溝通 |
| 　活動 | 　工具以及它們的使用 |
| 　內控／外控 | |

　　在 PrePS 課程中，教師的主要角色是在幼兒進行探索和連結時引導他們。記住，幼兒思考的事物幾乎比他們實際在做的東西來得重要。動手做的活動是重要的，但是它應該是在心中有著某個目標的活動，不會有某一天的活動孤立於那些已經進行過的或是那些將隨之發生的活動。一旦教師對 PrePS 感到自在後，一份 PrePS 的教案就能減輕教師的工作負擔——因為一天的活動連貫在一塊兒，因此將「數學時間」從「科學時間」再從「閱讀時間」分割出來就變得較不重要。這些技巧將自然融入 PrePS 教師所發展的活動之中。

　　當向他人描述 PrePS 時，我們通常將這個課程對科學的定義與我們稱為「生日派對科學」或「魔術秀科學」的東西做對照。在後者，成人設計一個刺激的視覺呈現而孩子進行觀察。舉例來說，當表演者混合小蘇打粉和醋來製造諸如火山爆炸之類的東西時，觀眾僅在一旁袖手旁觀。儘管很有趣，但這個爆炸被視為只不過是個刺激的室內把戲，孩子並沒有被賦予去探索所使用的這些粉末跟液體的屬性，或是去理解當溼與乾的物質混合在一起時通常會發生什麼事的機會，將此與一個吸引孩子投入一個相關經驗的 PrePS 老師所用的方法做對照（詳見 Box 2.1）。

# Box 2.1
# PrePS 實驗的方式

　　關於當小蘇打粉與醋混合在一起時的反應演示，一位 PrePS 教師有這些話要說：

> 嗯，這個小蘇打粉與醋的實驗沒有任何意義，真的，如果它跟你
> 在教室裡進行的其他東西沒有關聯的話。你得把這個實驗連結到
> 一個較核心的主題（首要核心概念）上。

　　這位老師指出在孩子能以任何有意義的方式開始理解這項小蘇打粉與醋的演示之前，他們可能需要知道這項反應並非是液體與粉末混在一塊時典型會發生的情形：

> 如果你正為了這個〔實驗〕探索一個改變的核心主題，你可以探
> 索溼到乾的改變，或是探索固體到液體的變化。

　　這位老師可以擺出一系列的白色粉末（例如：玉米粉、糯米粉、小蘇打粉、糖、明膠）讓幼兒在小組中探索。幼兒們可以接著使用他們的感覺（例如：觸覺、嗅覺、視覺，甚至味覺）系統性地比較和對照這些粉末，並且在教師的協助下記錄他們的觀察。

> 看，以這種方式的話，他們在學習字彙（例如：質地、光滑的、
> 粗糙的、甜的、酸的、溼的、乾的）以及你給予他們能用在其他
> 經驗的字詞。

　　比較這些白色粉末的這項活動，在概念上與這個班級將進行的其他活動相配──舉例來說，將水果與蔬菜相比，或是討論指尖上的皮膚如何察知質地。

　　如同這位老師所解釋的，這個班級可能從未實際接觸把三滴醋加入五湯匙小蘇打粉中來製造反應的正式步驟。PrePS 取向著重於紮實的研究方法勝於特定的活動或是反應。在這個班級中，這些幼兒在動手做、小組的脈絡中學習思考最初看起來幾乎相同的粉末之間的味覺與質地差異。使用

合宜的字彙以及以有組織、具批判性的方式來思考，比目睹一個單一的、費解的反應對學習者來説要來得有價值許多。

　　一旦幼兒瞭解並非所有粉末都是一樣的，他們能更好地預測將水加入每一種粉末中可能會以不同方式影響這些粉末。某個班級進行了一系列的實驗，在這些實驗中，他們在不同的液體（水、蘋果汁、檸檬汁、牛奶，以及巧克力牛奶）中煮飯；他們預測每種液體會如何影響米飯的味道跟顏色。接著，每個孩子試了一小口煮好的飯，並在一名大人的協助下，記錄對成品的觀察。這個具體的活動保持不變——在爐子上將飯跟液體結合起來——但是孩子得去考慮他們對每種液體所知道的部分，然後從而將每個試驗看成是一個單獨的案例。將預測和觀察都書寫下來，讓孩子能對照實際的結果來檢核他們的預期。除了所需用來探索常見液體以及跟從食譜的科學與數學技巧之外，注意在此處語言與語文技巧是備受重視的。孩子在熱巧克力中煮飯的預測告訴我們他們具有什麼可能會發生的合理想法，舉例來説，一個小女孩預測了：

　　這個飯……將會吃起來酸酸的……是黃色的，然後它會燒焦。

　　PrePS 仰賴教師特有的創意與熱忱來設計一個個別的課程計畫，我們都知道告訴幼兒事實並非學習科學的最佳方式，教育者也不需從一套固定的課程單元去進行教學。PrePS 提供老師一個根據他們的想法與目標而調整的彈性課程架構，我們也注意到儘管教師應該要有計畫，他們也需要回應幼兒想要有些附帶行程的心願。幼兒可能會有引領班上前往意料之外的發現的想法、問題，以及興趣，但是請把從附帶行程返回主要路線的必要性牢記在心。

# 有彈性的計畫

　　在 PrePS 中，教師仔細周密地計畫學習活動，但是真正最大化學習的機會則需要彈性。PrePS 取向激勵幼兒主動積極參與學習，他們讓你知道

什麼是他們最感興趣的事物，然後他們以他們的問題和想法引領你走上新的道路。雖然你能預料到部分的改道，但你將會因為其他的轉彎而感到驚訝及印象深刻。學習確實是教師跟學習者之間的共同合作，你不應該害怕增加新的活動或是甚至反映學生興趣的新焦點，但是謹記建立這些新活動與其他已計畫好的活動之間連結的需求，Box 2.2 描繪了在計畫和彈性之間的這種平衡。

## Box 2.2
## 彈性與 PrePS

　　在一年的某個時候，一個幼兒園班級在研究內部與外部這個核心概念。這個班級的大多數活動涉及兩個焦點：(1) 水果與蔬菜；(2) 身體。在某個關於水果與蔬菜的活動中，孩子開始好奇在他們身體裡的食物發生了什麼事，數個活動從這個問題中衍生出來。孩子使用聽診器去聽食物被咀嚼以及吞嚥的聲音，然後他們在消化發生時去聽他們的胃所發出來的聲響。

　　對諸如胃以及食道等身體部位的討論導向與骨頭有關的問題，因此下一個活動涉及了骨頭跟關節。確切地說，手指夾板跟臨時的固定用敷料被用來固定某些關節，孩子接著嘗試使用那些關節（例如：試著在他們的拇指用膠帶纏住之下撿拾銅板）。骨頭主題被擴展以將恐龍跟化石納入，該教師無法使用真的恐龍文物來提供動手實做、小團體的活動，因此老師想了其他能學習骨頭的方式，然後決定利用魚類。首先，孩子拓印了魚的表面，接著使用乾淨的魚骨頭，透過將它按入石膏中來製作他們自己的化石（註：該老師烹煮了那條魚，因此它並沒有浪費掉。此處與我們使用食物的其他地方相同，我們在食物可食用且衛生安全下食用它）。

　　藉由回應幼兒想要探索的新方向，這位老師得以準備讓幼兒能回答讓他們感興趣的問題的後續活動。同時，這位老師得以讓幼兒待在規劃好的學習路徑上——思考人類與其他生物的內部與外部。

教師的計畫與幼兒興趣之間的相互作用有許多常常未被識出或是未獲欣賞的微妙意涵。藉著以新活動回應孩子的問題和興趣，老師讓幼兒知道他們的思考是有價值且具影響力的，幼兒會對他們正貢獻於自己的學習而驕傲且興奮。在某些情況下，幼兒的問題可能是極具震撼力的，因而教師並不知道答案。藉著說：「我不知道，我們一塊兒找出答案吧」，教師為幼兒展示了知道所有答案這件事比起知道如何獲得它們來得不重要。幼兒的問題可能也展現了他們還未以教師意欲的方式來詮釋資訊；有些錯誤詮釋可能因為幼兒努力吸收（assimilate）新想法而發生，當這樣的狀況發生時，提供能引導孩子通往更精確理解的學習活動。這個吸收過程將會花上一些時間，但是若賦予時間來以他們的方式探索的話，幼兒將會完成極大量的資訊。雖然提供直接的答案以及解決之道是條捷徑，但深度理解則在幼兒為他們自己進行探索與連結時發生。供給探索一個相同概念的多元機會是通往深度理解的一項關鍵成分。

## 結論

　　PrePS 是一個用來介紹幼兒科學的取向，因此，它呈現一些必須遵從的清楚指引（例如：學習經驗應該圍繞著一個中心概念），但是你的計畫如何開展的精確細節則在各個班級有不同的變化，這是其中一個我們使用「途徑」這個詞彙來描述我們的取向的原因。想像你是一個身在大峽谷的導遊，你的目標是讓你帶領的團體到達峽谷，但是你選擇抵達你的目的地的特定路徑可以變化更動。做為導遊，你曾小心謹慎地計畫你將選取的路徑，但你也知道藉由探索一條旁支或是停下來研究一株關於他們詢問你的有趣植物會讓你們旅行團的這趟旅程更為豐富。這個導遊讓這個團體能到達最終目標，但是保持彈性是因為可以不只行走一條路徑來到達目標。如同一位 PrePS 老師所敘述的：

　　〔這些孩子〕在這一路上將告訴你他們想要做些什麼，他們會讓

你知道他們對什麼東西有興趣，然後他們會問你甚至從未想過的問題，不用害怕停下來然後研究，但是不要讓他們接管整個旅程。設定目標，當你開始一個新的方案，什麼是你想要這些孩子去思考的？

本書接下來的章節將幫助你更容易轉換至 PrePS。

# 第三章

# 基本科學操作

洪麗淑　譯

　　科學的內涵和科學的操作當然且必然是相互配合的（Kuhn, 1962），從事科學的操作（如觀察及預測）必須要有內容（例如：可以觀察並更進一步探索的事物）。在第二章中，我們歸納出一個結論，那就是某些內容範圍是比較適合學齡前教育的，因為這些範圍是建立在學齡前幼兒既有的能力上。如果幼兒有機會能在充分的時間下進行觀察，而不是從一個觀念的學習跳到下一個觀念的學習，概念性內容的學習會較具成效。在這些教學方式中，教學內容至關重要，但僅教授內容卻沒有導入實際的操作會讓科學的內容看似一張事實的列表，亦會導引這些年幼的學習者對科學產生一種事不關己的觀念——「那是別人想的及做的事情」。透過 PrePs，我們的目標是期望能夠帶領學童們探索及研究關鍵的科學思想，激發所有小小未來科學家學習科學的興趣。本章將著重在科學的操作，同時也探討這些操作方法和科學內涵有哪些關鍵性的相互依存關係。

　　PrePS 方案鼓勵參與教學的幼兒以科學的方式來思考、表達及操作。這些科學性的操作方式相輔相成，缺一不可。在幼兒積極參與觀察、預測及驗證的同時，他們也學習了如何以正確的詞彙來描述這些行為。當他們用心觀察一個物體，而不只是匆匆瞥過一眼時，他們對這個物體會產生不同的理解。更具體地說，我們選擇將重點放在五組用來敘述科學思考及操

作的方式，每一項操作方式都以一組相關的技能來呈現：

- 觀察、預測、檢核。
- 比較、對照、實驗。
- 用字、論述及語言。
- 計算、測量及數學。
- 記錄及記載。

　　在這一整個章節中，我們以來自不同概念領域的內涵來闡述這些基本的科學操作。這個模式可以提供我們更多在 PrePS 教室中所發生的學習實例，也同時呈現如何將科學操作的應用貫穿於更廣泛的內容。這個教學方式以導入觀察、預測及驗證為起點，不過，這些範例也同時包含了許多其他的科學操作。各個科學操作難以被視為是獨立的，因為大部分的科學學習活動合併了多項科學操作方法。

## 觀察、預測、檢核

　　多年來，我們使用蘋果來導入觀察的概念，這個活動一般會在團體時間進行，老師發給每個小孩一個蘋果，或是只發給一個蘋果讓全班的幼兒輪流觀察。在蘋果傳遞的過程中，每個幼兒會說出他們所觀察到的現象（例如：「看起來紅紅的」、「聞起來香香的」、「摸起來涼涼的」）。這些觀察心得由老師、助教或是在場的其他成年人記錄下來。在初步的嘗試中，我們必須注意參與比正確性重要。例如，如果幼兒說：「蘋果聞起來很多汁。」老師不要在這時糾正這樣的描述方式，反而應該問這位幼兒：「蘋果聞起來很多汁嗎？果汁聞起來像什麼？」可能會有其他的幼兒把蘋果拿到耳朵旁邊，搖搖看是否會有聲響。

　　這個範例或許聽起來很不真實，但既然大部分的學齡前幼兒對蘋果都很熟悉，那麼老師要如何讓幼兒持續地對蘋果產生興趣呢？跟幼兒一起探究科學是一個充滿驚奇的過程，因為這個過程讓每個幼兒以一個全新的方

式來思考一件普通的、日常的及常見的事物。觀看第一次進行蘋果觀察活動的班級紀錄影片是非常撼動人心的，因為每個幼兒都非常小心謹慎地在參與觀察的活動。一位觀賞過這類影片的老師說，這些孩子的表現就好像過去從未曾看過蘋果一樣，他們當然都看過蘋果，只是他們從未觀察過蘋果。一個新的科學名詞的導入及操作將一顆再熟悉不過的蘋果轉化成為科學探索的物件。活動 3.1 對如何用蘋果導入觀察活動有較詳細的描述，活動 3.2 描述用一顆蘋果來進行簡單的預測活動。

　　觀察、預測及驗證的操作會一直不斷地使用於 PrePS 或甚至不被認為是科學項目的教學中。舉例來說，老師可以引導幼兒觀察故事書的封面來預測故事的內容。閱讀故事書就是驗證預測的方式，同時也促進幼兒的讀寫能力，以及引導他們享受閱讀的樂趣。若在閱讀故事的過程中碰到了新的詞彙，老師可以請幼兒從故事的脈絡來猜猜看這個新詞彙的意思，也可以詢問幼兒他們如何驗證及確認自己的猜測是正確的，而幼兒可能會提出請老師查字典或詢問其他成人的建議。與幼兒相處融洽的老師也可以請孩子觀察老師臉部的笑容來預測老師內心的感受，在這個情境當中，老師臉上愉悅的表情並不再只是一個已知的事實，而是幼兒可以用科學技巧來探索的事物。如列在 Box 3.1 及 3.2 的實例，有機會參與科學操作的幼兒會將新的觀念、詞彙及科學操作技巧融入他們的語言表達及行為表現上。

　　完成觀察蘋果的活動後，接下來的活動進行方式將會因個別教師所計畫的學習目標或是班級孩子的興趣而有所差異。有時我們會用不同的水果或蔬菜來繼續練習觀察—預測—驗證的流程，此練習提供我們一個機會來導入比較與對照的觀念。找出哪些水果有種籽、哪些水果沒有？ 這樣的活動可以引導小朋友探索植物及植物各部位的型態及功能，或是討論水果的內外有何不同，也可以將活動引導到種籽、種植及生長的討論。有時，我們會將活動導入深度的感官探索（詳見第四章）。

---

**Box 3.1**
**鳥類觀察**

觀察戶外三隻鳥的小朋友記錄下了：

- 小鳥的黑尾巴上有白點。
- 小鳥四處飛翔、跳躍。
- 小鳥有尖尖的橘色鳥喙。
- 小鳥在吃東西、喝水。
- 公鳥跟母鳥看起來不一樣。
- 雛鳥的鳥喙是橘色的。
- 小鳥在啾啾地叫。

當老師請幼兒預測小鳥的體內構造時，有一個幼兒提議「有時候你自己的身體會給你一些線索」。這段陳述值得深思，因為顯示這個小男孩了解人類跟鳥類在某些身體構造上是相同的，這也展現出一個意識──縱使預測就像猜測一樣，已知的知識可以用來推想出一個有水準的猜測。

---

　　練習如何觀察也是引導幼兒去認識及使用某些科學工具的一個不錯的方式。放大鏡配合我們的視覺，可以讓我們觀察到用肉眼所看不到的微小物體或是細節；天秤的導入可以讓幼兒學習判斷哪一個物體比較重，特別是當我們的手臂無法分辨兩個物體孰輕孰重的時候（詳見 Box 3.3）。學齡前教育的教學基準著重在引導幼兒體驗各種可以讓他們用來觀察及測量各種現象的工具。透過 PrePS 的學習經驗，幼兒學習到如何多元地以及有意義地使用觀察及測量工具，他們不僅可以在特定的目的下使用這些工具來獲得有價值的經驗，也學習到如何將這些工具應用到某些解決問題的方案中。

## Box 3.2
## 用過去的經驗來進行預測

　　某一位老師在他的班上利用蘋果來進行預測與測試預測的活動，他問幼兒一顆蘋果裡有多少粒種籽，然後將蘋果切開來測試預測的結果。這個活動每日進行，並持續了一星期。這個以經驗來具體化猜測的活動讓預測變得合理，而且幼兒也變得比較有耐心聽別人發表的意見，不會急著去「糾正」別人。一個星期後的某一天，班上一位四歲的幼兒坐在老師身邊，當老師準備切一顆蘋果在午餐時間吃的時候，藉這個機會做了一次預測蘋果裡有多少顆種籽的活動。

老師：我預測有八顆。

幼兒：我預測有五顆。

老師：不，我預測有八顆。

幼兒：如果你想要預測得準一點，那就說有五顆。

老師：我們之前討論過了，我們可以有不同的……

幼兒：我知道你的預測可以跟我的不同，沒關係，但是，如果你想要大部分時間都是對的話，你應該要說五顆。因為當你把蘋果對半切（橫向），會有一個像星星的形狀，每一個角（星形的角）會有一顆種籽。所以，如果你想要常常預測準確的話，那你就說有五顆。

　　蘋果對半切開後，星形的果核顯露出來，每一個角有一顆種籽，其中有一個角裡有兩顆。幼兒的預測比老師的還要準，更重要的是，這個預測是建立在不斷重複的觀察及實際的經驗上。在 PrePS 班級的幼兒相對於其他的學童能較快學會如何使用科學的詞彙以及建立自己的科學流程。

# 比較、對照、實驗

　　幼兒很快就適應了以描述物品或事件的方式來進行觀察活動，這項能力自然而然地引領他們將已經觀察過的事物與他們所熟悉的事物做一個比較與對照。舉例來說，小朋友可能會說薄荷味道的黏土聞起來像「牙膏」或「口香糖」；或是兩片貝殼都是棕色的，但是「一片上面有點點，另一片沒有」。當小朋友描述物品時，他們會注意到相似及相異處，在此同時，他們也開始將這些物品整理及分類。

　　從我們的經驗中發現，學齡前幼兒在描述兩項物品的相異之處時是沒有困難的。然而，當兩樣物品的特徵並不全然相同時，他們往往會堅持這兩項物品是不相同的。例如，大人會說蕃茄跟蘋果的顏色是相同的，但學齡前幼兒通常不會這麼說，他們甚至會更進一步地描述說這個是「淡紅色」，另外一個是「更淡一點點的紅色」，而不會說兩個都是紅色的。我們發現請幼兒描述什麼是「有一點像」，或者是「幾乎一樣」反而是更有意義的。我們也會以強調「相似處」來證實他們所觀察到的「相異處」來重新建構幼兒的陳述。在幼兒結束他們的陳述後，我們會說：「對，你的觀察很棒！這兩個都是紅色的。這是兩個有點像的顏色，但是這一個紅色比另一個淡一點，這是這兩個東西不一樣的地方。」

## Box 3.3
## 導入科學工具

　　你或許已經在教室的探索角落或是科學區放置放大鏡或天秤供幼兒使用。不過，這代表當幼兒不在這個教室裡的時候就沒有機會學習如何使用這些器具。這些工具的存在不能代表小朋友會跟這些工具產生互動或是自己找出使用的方法。教室觀察相關的研究顯示，相較於藝術、扮演或積木

角，幼兒通常比較不喜歡去科學角（Gelman Cognitive Development and Learning Lab, unpublished data）。而且，當幼兒進入科學角時，他們通常不會有目的使用角落裡的工具及材料。我們應該給幼兒時間去自行探索科學工具，但是他們也需要老師引導如何使用這些工具來觀察及測量事物。

　　以如何導入放大鏡的使用為例，你可以設計一個讓幼兒需要使用到放大鏡的情境，一個讓幼兒無法在裸視下觀察物體細節的情況。例如：數數看昆蟲有幾隻腳，觀察指紋的型態，或者是觀察樹幹切片上的年輪，這類的活動在放大鏡的輔助下可以較為輕鬆地進行。你可以跟幼兒説，使用放大鏡觀察依然需要使用到他們的眼睛，但是當眼

圖 3.1　使用放大鏡

睛跟放大鏡像一個團隊一樣相互合作時可以讓他們看得更清楚（如圖 3.1）。放大鏡是幫助他們做觀察的工具。

圖 3.2　使用天秤

　　天秤（如圖 3.2）的導入可以透過引導幼兒學習用手的感覺來比較哪個物品較重。在兩個物品差不多一樣重的狀況下，幼兒使用手的感覺是無法分辨出哪一個是比較重的。就像他們學習使用放大鏡一樣，他們的感官能力也需要一點幫助。天秤可以幫助幼兒測量出哪一個（或哪一組）物品比較重或是等重。使用有意義的方式來導入科學工具的使用，能提高幼兒前往科學角以及自行探索科學工具及其他材料 的 意 願（Nayfeld, Brenneman, & Gelman, 2009）。

　　我們如果稍微將這個課題做一點變化，幼兒就會理解蕃茄跟蘋果的顏色都是屬於紅色。如果成人給幼兒一個範疇，然後請幼兒去做分類（例如：「將紅色的放在一起」），他們都可以做得相當好。同樣地，當幼兒被告知要帶紅色的食物去野餐，他們會毫不疑惑的將蕃茄、蘋果、西瓜等等列在清單上（Macario, 1991）。我們可以提供幼兒貝殼、小石子或是堅果給他們練習依大小、顏色及形狀來做分類，因為使用具有自然變異的天然物品做分類活動可以讓幼兒忽略不相關的差異，並且將焦點放在形成共同類別的成因上。這類的分類課題提供幼兒一個練習思考技能的機會，幼兒的能力會從分類完全相同的物品進階到辨認相同特徵較不明顯的物品。

　　分辨相似及相異的能力是一個關鍵性的思考能力，範圍涵蓋了文學、科學、數學的跨領域應用。當幼兒開始使用某些特有的相似關係或特質來歸類事物時，這個技能就開始延伸與發展（Gentner, 2005）。舉例來說，幼兒漸漸會瞭解，在生物學上，相較於鯨魚的呼吸跟生產方式，鯨魚跟魚類在形體的相似關係反而沒那麼重要。在 Susan Gelman 及 Ellen Markman（甚或其他學者）的研究中提出，即使是年齡很小的幼兒都可以超越「相似的外觀」，而更進一步地使用更深入的、更抽象的相似處來將動物做適當的分類。Gelman 及 Markman（1986）同時給學齡前的幼兒看三張圖片，分別是火鶴、蝙蝠及八哥，其中有兩張是同類的（鳥類：火鶴及八哥），兩張是相像的（八哥跟蝙蝠）。他們跟幼兒說，這隻鳥（火鶴）餵牠的孩子吃嚼爛的食物、蝙蝠餵牠的孩子母乳，然後問幼兒八哥餵牠的小孩吃什麼？如果幼兒被相似的外觀誤導了，他們就會回答「母乳」。不過，大致來說，幼兒都是用動物的分類而不是外觀來決定他們的答案。在 PrePS 中我們所提供的學習活動就是建構在這樣的能力之上。其中一個活動，當幼兒學到鰻是魚類而不是蛇類的時候，老師帶領小朋友分辨蛇、鰻跟魚的相似及相異處。這個活動的重要性不僅僅在於知識的學習，它強調結論需要以證據來支持，並且當考慮到動物的分類甚或其他事物時，某些相似的條件會比其他的相似或雷同的條件都還來得重要。

　　比較跟對照的能力也是學習「實驗」的基礎。以最簡單的實驗型態來

說，一個合乎標準的實驗只能包含具有一個相異條件的兩個物體或事件。兩個物件以相同的方式做處理，將結果的相異處加以比較，當結果產生相異時，我們就可以說這個相異的條件導致了這兩個物件之間產生了結果上的差異性（當然，這裡我們試著降低某些複雜性，但這是一個簡單的實驗邏輯）。舉例來說，假設你曾經聽說過檸檬汁可以預防切開的蘋果變黑，我們用一個簡單的實驗來測試這個想法——你需要切開一個蘋果，一半刷上檸檬汁，另一半不做任何處理。這兩者之間所觀察到的相異之處就是檸檬汁的特性，因為這是唯一造成這兩半蘋果之間產生差異的唯一變項。如果你用半顆澳洲青蘋果跟半顆美國金冠蘋果來替代，而且只將檸檬汁塗在澳洲青蘋果的切面上，所觀察到的結果是美國金冠蘋果發黑了，但澳洲青蘋果沒有發黑，這就無法確定是檸檬汁還是蘋果種類的不同而造成的結果。在 PrePS 教室裡，幼兒有許多機會針對一些術語的一般性及科學性做實驗。

在 PrePS 教室裡，教師並不會花很多時間解釋邏輯問題，他們只會進行簡單、受控制的實驗活動來讓幼兒親身體驗。老師會建構一個問題，通常是衍生自小朋友提出的問題，然後班上的幼兒用實驗的方式試著來找出答案。這些調查的活動跟班級正在探索的概念相關，而且小朋友通常對他們正在調查的相關事物已略知一二。舉例來說，有些幼兒說植物的成長需要有陽光的照射，那麼我們可以考慮將這個說法引導成一個實驗，方法是將兩盆一樣的植物分別種在衣櫥及窗邊。這個簡單的實驗帶給幼兒自己蒐集證明的第一手經驗（詳見 Box 3.4）。在這種方式之下，科學知識會成為幼兒可理解的事物，而不再僅僅是放在嘴邊說說的知識。簡易的實驗也提供小朋友一個機會來體驗科學是建立知識的一個很重要的途徑。科學家以進行探索、調查及實驗的方式來建立共識，而 PrePS 的教學目標之一是讓幼兒在他們探索世界的過程中視科學的方法為一個很重要的資料蒐集的途徑。

**Box 3.4**
**簡易實驗**

在探索季節變化的主題中,我們將一部分重點放在動物如何適應冬天及寒冷的氣候,並展開了探索黶脂、羽毛及其他材料的保溫性能的實驗。實驗的活動包含將黶脂(固化的植物酥油)注入雙層的塑膠密封袋。小朋友將一手伸入裝有黶脂包的手套裡,另一手伸入沒有裝黶脂包的手套裡,然後將兩手連同手套一起泡在冰水中(如圖 3.3)。

(順便一提,我們使用一模一樣的手套來當作實驗控制組,也就是未注入任何東西的手套。如果幼兒只是將空手放入冰水中,這個實驗活動可能會混淆他們的判斷:幼兒會無從確認是填充物還是手套具有絕緣效果。如果使用一模一樣的手套,在實驗中就不會面臨這種判斷上的困擾,而你也會從實驗中觀察到是否提供了幼兒一個平衡的實驗。)

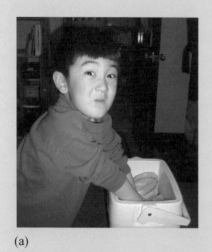

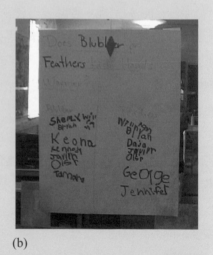

(a)                                    (b)

圖 3.3　(a) 黶脂手套實驗;(b) 結果表。結果表上文字敘述為:「黶脂或羽毛會讓我們的手保持溫暖嗎?」小朋友將他們的名字寫在羽毛一欄(圖表左方)或是黶脂一欄(圖表右方)上

在實驗活動開始之前，我們請小朋友先預測有黥脂的手套跟沒有黥脂的手套哪一個較能讓他們的手保持溫暖。在實驗完成後，小朋友將他們的感受記錄在結果表上。我們以替換不同填充物的方式（有填充羽毛 vs. 無填充羽毛，及填充黥脂 vs. 填充羽毛）來延伸學習及練習正確的實驗程序。一系列不同填充物組合的實驗在延續數天的探索活動中展開。我們發現在體驗這類探索活動之後（相較於其他未體驗這類活動的小朋友），小朋友變得較會自己設計他們的簡易實驗來回應「探索」類型的問題。這對他們將來要在學校學習的自然課程而言，是一個很重要的基礎。

有關如何建立這個實驗的詳盡細節，請參閱活動 3.3。

# 詞彙、論述及語言

在進行調查的同時，幼兒應該要有機會學習相對應的科學詞語。科學詞彙提供幼兒一個比日常用語更深入且更豐富的方式來討論他們的發現或疑惑。一開始就期待四歲的小孩去運用及瞭解觀察、研究這樣的字彙似乎有點不切實際，但幼兒學習字彙的速度非常之快（詳見第二章）。當學齡前兒童在適當的主題下反覆使用這些科學詞彙，他們便能學會如何運用這些詞彙。幼兒天生喜歡觀察、探索及研究這個世界，假如老師預先為小朋友準備好在這個過程使用這些詞彙的能力，這些詞彙的重要性也會彰顯。參與這些過程的孩子也會開始將這些詞彙運用在他們所進行的活動上，以及構思與談論他們所探索的事物上。

老師可以直接或間接地將描述科學操作的術語（例如：觀察、預測、記錄、日誌、比較、對照）導入日常活動，例如，老師可以說「我觀察到外面在下雨」來取代「下雨了」。我們不能期待孩子們能立即領悟這些詞的含意；然而，隨著練習而不斷反覆使用這些科學操作的術語，孩子也反覆在不同的情境之下接觸到科學詞彙，這樣的經驗促進了有意義的學習。同樣的，老師們也可以將與探索主題內容相關的名詞及形容詞導入；如果班上正在進行植物相關的課程，老師可以將植物的各部位（例如：

根、莖、葉、種籽、花），以及正在研究的植物（例如：豆類、金盞花、仙人掌）標上名稱，並同時描述植物的特質（例如：長長的、細細的、黃色的、有刺的）。因為 PrePS 課程提供幼兒一段較長時間來探索相似的內涵，所以幼兒有機會在不同情境下反覆接觸到新的詞彙，也因此更有可能在學習中理解這些詞彙。

　　不過，在科學詞彙的運用上確實有些需要小心的地方。如果你計畫要對學齡前幼兒導入一個新的術語，仔細想想你要如何以精確及適當的方式來解釋這個詞語。物理及教育學教授 David Hammer（1999）針對使用描述複雜概念的科學術語來取代兒童對科學現象的直覺判斷可能帶來的問題提出警告。Hammer 引用了一個例子，一個科學魔術師在一群五歲的幼兒面前，試著將一顆水球塞進一個燒杯裡，但塞不進去，因為燒杯裡的空氣擋了水球的路。魔術師問幼兒該怎麼辦？幼兒的建議是把空氣排出來，科學魔術師回答：「很接近了。我們還需要用到能量。」Hammer 所要表達的主張是——五歲小孩的解釋比科學魔術師的解釋來得更容易理解，當然對其他的幼兒而言更容易聽得懂。語詞是孩子用來表達他們對科學的理解及想法的重要工具。當我們聆聽幼兒的解釋時，我們並非期待他們使用「艱深的」科學術語，而是看他們是否理解（Appelbaum & Clark, 2001; Gallas, 1995）。幼兒對科學的學習應該是感到自在以及自信的，為了提供及延伸幼兒對科學的理解及科學的語言，老師必須要謹慎用字遣詞，而且要常常使用這些詞彙（詳見表 3.1）。

表 3.1　一再重複使用的語詞

| 觀察（動詞） | 感觀 | 描述 | 調查（動詞） | 形狀 | 計數 | 紀錄 |
|---|---|---|---|---|---|---|
| 觀察（名詞） | 看 | 比較 | 調查（名詞） | 大小 | 測量（動詞） | 日誌 |
| 預測（動詞） | 觸摸 | 對照 | 探索 | 高度 | 測量（名詞） | |
| 預測（名詞） | 質感 | 相同的 | 發現 | 長度 | | |
| 核對 | 聽 | 不同的 | 實驗 | 寬度 | | |
| 發現 | 聞 | 相似處 | 測驗 | 秤重 | | |
| 結果 | 嚐 | 不同處 | | 重量 | | |

　　當幼兒觀察、比較及對照這世界上的物品和事件的特徵時，科學的操作促進了描述性語言的使用。討論科學操作的方法及背景觀念時須使用到含子句及介系詞片語的複雜句子。舉例來說：「植物會成長。」這是一個簡單的句子。但是當討論到植物成長所需的因素及植物如何成長時，句子的結構就開始變得複雜了，例如：「如果你澆水，植物就會成長。」「植物的成長需要有陽光及土壤。」當對植物的學習越來越深入時，同時也需要使用更精確的語言來呈現對植物的瞭解（Gelman & Brenneman, in press; Gelman, Romo, & Francis, 2002）。隨著幼兒的科學及語言技能的發展，兩者相輔相成但也各自漸趨複雜。Box 3.5 的內容摘錄自小組討論，這些對話呈現了我們的觀點。

**Box 3.5**
**運用科學詞彙**

　　以下是兩個班級的活動文字紀錄，一班的學生主要來自西班牙語系移民的社區，另一班的學生來自大學社區。在一系列探索有生命及無生命物體的活動中（相關資料請參閱第一章及第二章），我們閱讀及探討了 Leo Lionni 所著的《阿力和發條老鼠》一書（*Alexander and the Wind-Up Mouse*）（2006, Knopf Books for Young Readers）。故事描繪了兩隻老鼠的互動：真的老鼠阿力及發條老鼠威力。請注意幼兒所使用的複雜語句及描述性詞彙。這些例子描繪出幼兒觀察到這兩隻老鼠之間在需求與能力上的不同，同時也展現出某些複雜的社會情感意識。

老師：〔告訴我〕至少一個令你覺得這個是阿力，這個是威力的理由。這隻是真的老鼠，而這隻不是。你的理由是什麼？

幼兒：因為那隻有一個可以轉動的東西來把他的發條轉緊，但那一隻沒有。

老師：那是個很棒的理由。

幼兒：那一隻有輪子，但那一隻沒有。

老師：這個也是……。

幼兒：那一隻有腳。

---

老師：OK。門的鑰匙，你將他插入然後轉動它。這是老鼠身上的鎖，你也一樣轉動它。

幼兒：是啊，他會帶著輪子轉。

老師：他會帶著輪子轉。

幼兒：是啊。

老師：你也需要幫這隻（真的老鼠）轉動發條來讓牠四處走動嗎？

幼兒：不需要。

幼兒：牠自己就會動。

老師：牠自己就會動。

幼兒：因為牠是真的老鼠！因為牠有腳！

---

老師：〔阿力〕想要廚房裡的什麼東西？

幼兒：屑屑。

老師：什麼的屑屑？

幼兒：起司。

其他幼兒：食物。

老師：起司、食物。你想威力需要找尋食物嗎？

幼兒：不需要。

老師：你認為威力可以找得到食物嗎？

幼兒：不行。

幼兒：他沒有辦法張開他的嘴巴。

其他幼兒：他需要別人幫他上發條。

---

幼兒：如果你踩到真的老鼠，牠一定會死掉。

老師：如果你踩到牠，牠可能會死掉？或者是受傷？

幼兒：嗯。

老師：如果你踩到的是發條老鼠，它會怎樣？

幼兒：它會壞掉。

老師：它會壞掉。

幼兒：因為它是玩具。

---

幼兒：牠累了。

老師：你為什麼覺得牠看起來累了？

幼兒：因為牠的眼睛看起來都快閉上了。

老師：快閉上了。故事是說每當阿力想到威力，牠心中就充滿羨慕。嗯，
　　　這代表什麼意義？阿力渴望當一隻像威力一樣被擁抱及疼愛的老
　　　鼠。所以，羨慕表示牠很嫉妒，牠希望牠可以像威力一樣。

幼兒：為什麼？

老師：為什麼牠想要像威力一樣？這是一個很棒的問題。

幼兒：因為牠希望每個人都像愛威力一樣愛牠。

老師：我認為你說對了。我認為你完完全全地說對了。

---

幼兒：人類製造了假老鼠。

老師：人類製造了假老鼠，這是個很有趣的意見，我想我們以前都沒談過這隻老鼠是人造的這個事實。我們怎麼才能獲得真正的老鼠？牠們從哪來的？

幼兒：牠們的洞穴。牠們的房子。

老師：牠們的房子？

幼兒：牠們住在地底下。

其他幼兒：不是啦，牠們才不是住在地下。他們住在房子裡的洞裡。

老師：如果這一隻老鼠是人造的，那誰製造了真的老鼠？

幼兒：媽媽！

老師：啊，是老鼠媽媽。

　　有關這個活動的科學課程計畫格式，以及幼兒探索發條玩具內在構造的延伸活動，請參閱活動 3.4。

# 計數、測量及數學

　　一般而言，在學前教育階段所學的數學是很有限的（Ginsburg, Lee, & Boyd, 2008）。這些有限的數學課程著重在群組大小概念的練習卷上，通常不外乎是讓幼兒將圖片上的量與數配對（Stipek, 2008）。在科學的背景下運用及發展數學思考技巧可以讓老師將更多有意義的數學學習帶入課程活動中。這樣的學習方式提供小朋友運用數學技能的機會，而不只是背誦式的數數練習。PrePS 的教學鼓勵數學式的思考，藉由提供小朋友使用數學為操作工具的機會來引導他們定義及描述這個世界的事物。這些學習的機會並非獨立於正在進行中的課室活動，因為數學的使用是科學體驗的一部分，也常常在幼兒的學習過程中激發令人驚訝的複雜思維，活動

3.2 可以引為例證。在這個活動期間，幼兒每天都會預測蘋果裡有多少顆種籽，然後使用數數為工具來驗證他們的想法。他們的估算技巧因而隨著每天反覆預測及驗證蘋果中種籽的數量而進步。當第一次接觸到這樣的活動時，幼兒所估算出來的數字或許會令人驚訝地大（如「一百顆」），但隨著相關經驗的增加，他們的估算就會漸趨合理及精確（如「六顆」）。

　　幼兒的估算及預測技巧可以被用來發展及促進他們的數學能力。在一個 PrePS 的教室裡，老師 Susan Wood 帶著幼兒唱兒歌，這首兒歌的內容是關於一個麵包師傅做了九個甜甜圈（有九個甜甜圈的圖案貼在絨布板上）：「John 帶了一分錢來買，他帶了一個甜甜圈走了。」老師指定一個幼兒拿走一個甜甜圈圖案，然後班上的幼兒一起來預測還剩下幾個。雖然大家的意見不太相同，但大部分都合理且預測方向是正確的（例如：「或許是七個」，「我想應該是八個」）。然後，預測的結果就以數數的方式來驗證。由於這首兒歌在引出數學推理能力方面的效果非常好，研究員 Osnat Zur 及 Wood 於是編了另一個版本來試試看。在新的版本中，被數的物品一次被消去二個至三個，然後再被加回來，雖然這個數值計算任務的難度加深了，但幼兒也很快就能理解了。這個活動將一個任務的發展導向了一系列系統性的研究，探究幼兒加、減及計數的技能（Zur & Gelman, 2004）。在這個活動中，數數不再是背誦，而是與運用算數及驗證算術預測為目標的活動。

　　在另一個 PrePS 的教室裡，老師們利用木瓜來探索有種籽的東西。大部分的小朋友從來沒有見過木瓜（如圖 3.4），所以，老師們將這個新奇的物品排進幼兒的觀察—預測—檢核的探索活動中。當木瓜被切開來檢核預測的同時，整個班級都驚訝於藏在木瓜裡的種籽數量，然後大家很快地就開始大聲叫出他們預測的種籽數量。老師趁機對他們的興趣與熱情表示認同，並且將這個活動導入一個非正規的數學體驗。她先帶領幼兒將半顆木瓜的種籽總數算出，然後將倍數的概念介

圖 3.4　一顆木瓜裡有多少籽？

紹給幼兒來完成對整顆木瓜總種籽數量的有效估算。相較於單純的、背誦式的大數字數數（可在幼兒園教室裡看到的活動），這個活動的豐富性高出太多了。因為這個數數的過程需配合對應到實際的物體，運用了大數量的數字，也提供了幼兒一個機會體驗如何有意義地運用大數字。最後，這個體驗活動讓幼兒將數學轉化成行動來回答他們關心的問題，也展現出數學是用來解決日常生活問題的好工具。

　　分揀活動也能促進幼兒發展觀察及分類的技能。在一個貝殼探索活動中，幼兒先依大小再依顏色來分揀貝殼。在依顏色分揀出貝殼之後，小朋友數出黑色、棕色、白色及粉紅色各有幾個，然後將結果做出一個簡單的圖表。圖表是用來練習量的比較（如棕色跟白色的貝殼哪個比較多？哪個顏色的貝殼數量最多？最少？），老師可以在使用圖表討論數量的過程中發現幼兒令人驚奇的數學思考模式。一個小男生指出，在圖表上最短的長條「像一棟房子」，中等的長條「像有尖塔的教堂」，最高的長條「像一座摩天大樓」。這個小男生發現了大小的型態規律並做出了類比。這個推論以一個非常精彩的形式呈現出來，也同時讓我們想起另一個例子，幼兒正確地將松果依大小揀選出來，然後將他們依小、中、大命名為小貝比松果、媽媽松果、爸爸松果。我們並非強調當你在課程中加入越多的數學活動，班上的孩子就能達到這樣的推理技能，而是如果你不在課堂上加入數學課程，你永遠都不會知道班上的小朋友會用這樣的方法來做推理，也就是說，你沒有提供機會幫助他們學習推理及數學思維的表達。

　　科普活動也提供幼兒使用測量工具的動機（詳見圖3.5）。如果尺跟秤就只是單純地被放在科學活動區的桌上，幼兒可能無法領悟到這些工具可以用來有系統性地描述這個世界。如同先前提到的，將工具的使用導入進行中的活動，會提高幼兒有成效地、積極地使用測量工具的機會。當然，會有幼兒寧願將木尺拿來當劍，這樣的行為也不會在一夜之間有所改變。自發性的工具探索活動可以讓孩子運用他們的創造力，但引導下的探索活動可以幫助幼兒瞭解如何運用工具來協助學習，也讓幼兒在未來有能力進行更加有目的性的自主探索。老師可以藉由在環境中加入謹慎選擇過

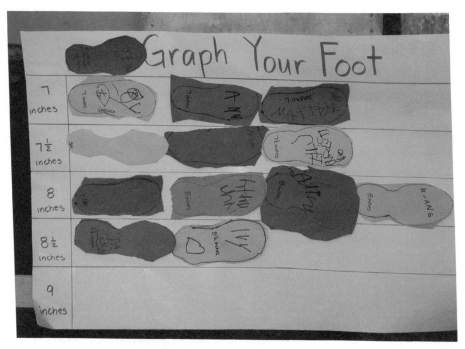

圖 3.5　其他融入數學的活動

的觀察及測量工具，以及示範這些工具的用法來讓幼兒熟悉這些工具，探索他們自己在活動中的表現，並且對日常的活動產生新的看法（詳見 Box 3.6）。

　　藉由提供幼兒操作的機會，讓他們具體且有意義地運用數學的技能（例如：測量積木堆成的塔，跟朋友比身高，長時間記錄向日葵的高度以及生長變化），PrePS 促進幼兒的數學意識及自信的發展。在幼兒進入小學、打開第一本教科書之前，數學被視為是一項有用的探索工具。我們也希望這些早期的經驗可以為幼兒終身的數學學習歷程提供一個和善的導引。如果幼兒相信他們會運用數學，而且數學是有用且有趣的，日後他們就比較不會害怕或討厭數學。

## Box 3.6
## 使用觀察及測量工具

　　這個關於從日常活動中發現新觀點的案例，來自於參與我們在羅格斯大學道格拉斯心理學兒童研究中心（Douglass Psychology Child Study Center, Rutgers University）的孩子。在探索蛇的活動中，幼兒研究各式有關蛇如何殲滅獵物的方法。我們用來查出這些相關資訊的書籍中亦描述了各種蛇類的平均長度，我們發現網紋蟒的身長是 32 英尺長。

　　為了讓幼兒更真實地感受到這個數字的意義，我們決定把整個班級帶到戶外來測量 32 英尺有多長。一開始，我們用直尺及捲尺來量，但幼兒並沒有對這個活動感到興趣，當我們標記了 32 英尺的距離時，我們決定讓幼兒以接龍的方式躺下來測量多少個小朋友的身長會與一條網紋蟒等長。全班的幼兒發現一條網紋蟒與九個小朋友等長；而我們發現使用傳統的丈量工具並沒有激起幼兒強烈的興趣，直到這個概念與幼兒熟悉的單位──真實小朋友的身長──做連結之後，才引發他們熱烈參與的意願。

　　當我們回到教室後，小朋友自發性地將這個活動延伸，而且開始練習使用他們對丈量的新觀點。幾個幼兒查出了一條靛蛇有八英尺長，然後準備了一條捲尺及數根林肯圓木──他們決定要來找出幾個林肯圓木與一條靛蛇等長。老師用捲尺量出八英尺的長度，鎖住捲尺，然後幼兒將林肯圓木一根接著一根排列在捲尺上。在這個活動裡，數學學習並沒有取代原來的自由遊戲活動，而是提升了遊戲的層次。這個活動的方式展現出另一個強而有力的例證來證明數學及科學就存在於我們的日常生活中。

# 記錄及建檔

　　在前一個章節裡所提到的數學活動都包含了計數資料的記錄及簡易圖表的製作。觀察—預測—檢核活動的圖表（如活動 3.1 及 3.2）也都是記錄學前課室活動的範例。PrePS 活動不僅促進語言技能的發展，亦同時

提升了科學及數學的技能。事實上，羅徹斯特大學的教育研究人員已經成
功地發展出以科學為中心的語文課程，因為科學課程提供了非常豐富的討
論內容（Conezio & French, 2002; French, 2004）；科學是一門可讀、可寫
的學科。

## 在 PrePS 教室中運用書籍

　　運用文字學習已經普遍存在於學前教室中，使用故事書來教學也已經
不再是新穎的作法。PrePS 教師使用非小說類文學及科學雜誌所提供的資
源來探究問題，研究幼兒的問題及預測，以及為他們自己尋找教材及資源
（Box 3.7 為一些圖書的範例）。另外，許多耳熟能詳的學齡前幼兒故事
也是以科學為主題（詳見 Box 3.8），例如：Lily Toy Hong 所寫的《皇后
與蠶》（*The Empress and the Silkworm*, 1995）就可以用來講述以變化及
變態為中心的生命週期概念。課程的進行可以配合養蠶、研究蠶所吃的食
物、用照相或繪畫的方式記錄蠶的生長變化、預測蛾破繭而出所需的天
數及繪製圖表，以及製作一本描述動物生命週期的班級圖書繪本（詳見
圖 3.6 及 3.7）。當一個熟悉的故事被導入以蛻變為主題的系列學習中，
這個故事就變成了連結相關學習機會的一個結點。老師積極地與幼兒共讀
這類故事並在過程中拋出問題，可以促進幼兒語言、閱讀以及科學的學習
（詳見活動 3.4）。

　　即使是沒有明顯科學內容的故事，仍然可以被用來設計為強化科學
思考技能的活動。例如，你可以選擇一個特定的，但有多個不同版本的
故事，如《傑克與魔豆》（*Jack and the Beanstalk*）或《薑餅人》（*The
Gingerbread Man*）。同一個版本多讀幾次，等小朋友都熟悉故事的內容
後，再讀另一個版本，然後帶領他們找出各個故事版本的相同及相異處。
無論在科學或其他領域，比較與對照、發現相異處以及鑑別這些相異處的
重要性，這些都是很關鍵的學習技能。

**Box 3.7**
**非小說類書籍及雜誌**

**Books**

Brady, I. (1993). *Wild mouse.* London: Cassell.

Butterfield, M. (1992). *Frog (nature chains).* New York: Little Simon.

De Bourgoing, P. (1991). *Fruit (Scholastic discovery series).* New York: Scholastic.

De Bourgoing, P. (1994). *Vegetables in the garden (Scholastic discovery series).* New York: Scholastic.

Dietl, U. (1995). *The plant-and-grow project book.* New York: Sterling.

Lehn, B. (1999). *What is a scientist?* New York: Millbrook.

Llewellyn, C. (2002). *Slugs and snails (minibeasts).* New York: Franklin Watts.

Maass, R. (1992). *When autumn comes.* New York: Henry Holt and Co.

Merrill, C. (1990). *A seed is a promise.* New York: Scholastic.

Miller, J. (1986). *Seasons on the farm.* New York: Scholastic.

Olesen, J. (1986). *Snail (Stopwatch series).* New York: Silver, Burdett.

Ruiz, A. L. (1995). *Animals on the inside: A book of discovery & learning.* New York: Sterling.

*Scholastic First Discovery Books.* (2002). New York: Cartwheel Books.

*Smithsonian Soundprints Series.* (2002). San Diego: Silver Dolphin.

Swanson, D. (2002). *Coyotes in the crosswalk: True tales of animal life in the wilds . . . of the city!* New York: Whitecap Books.

Watts, B. (1986). *Honeybee (Stopwatch series).* New York: Silver, Burdett.

**Magazines**

*Click.* Cricket Magazine Publishing.

*Kids Discover.* Kids Discover.

*Your Big Backyard.* National Wildlife Foundation.

## Box 3.8
## 小說類書籍

**季節與氣候的變遷**

dePaola, T. (1982). *Charlie needs a cloak*. New York: Aladdin Paperbacks.

Ehlert, L. (1991). *Red leaf, yellow leaf*. San Diego: Harcourt Big Books.

Hader, B., & Hader, E. (1993). *The big snow*. New York: Simon & Schuster.

Kelley, M. (1998). *Fall is not easy*. Madison, WI: Zino Press Children's Books.

Krauss, R. (1989). *The happy day*. New York: Harper Trophy.

Sendak, M. (1991). *Chicken soup with rice: A book of months*. New York: HarperTrophy.

**生態系統**

Balian, L. (2005). *Where in the world is Henry?* New York: Star Bright Books.

Burton, V.L. (1978). *The little house*. Boston: Houghton Mifflin.

Dr. Seuss. (1971). *The Lorax*. New York: Random House.

Gackenbach, D. (1996). *Mighty tree*. New York: Voyager Books.

Harrison, D. (1978). *Little turtle's big adventure*. New York: Random House.

**成長與蛻變**

Andersen, H.C. (1999). *The ugly duckling*. New York: HarperCollins.

Carle, E. (2005). *The tiny seed*. New York: Little Simon.

Curry, P. (1978). *The pimpernel seed*. New York: Methuen Young Books.

Dowden, A.O.T. (1972). *Wild green things in the city: A book of weeds*. New York: Crowell.

Ehlert, L. (1991). *Growing vegetable soup*. New York: Harcourt Big Books.

Ehlert, L. (1992). *Planting a rainbow*. New York: Voyager Books.

Ehlert, L. (2001). *Waiting for wings*. New York: Harcourt Children's Books.

Hall, Z. (1996). *The apple pie tree*. New York: Scholastic.

Hall, Z. (1999). *It's pumpkin time!* New York: Scholastic.

Ryder, J. (1996). *Where butterflies grow.* New York: Puffin.

Swope, S. (2004). *Gotta go! Gotta go!* New York: Farrar, Strauss, Giroux.

## 動物行為與棲息地

Cannon, J. (2007). *Stellaluna.* New York: Red Wagon Books.

Edwards, P.D. (1996). *Some smug slug.* New York: HarperCollins.

Garelick, M. (1970). *Where does the butterfly go when it rains?* New York: AddisonWesley.

Lionni, L. (1974). *Fish is fish.* New York: Dragonfly Books.

Markes, J. (2006). *Good thing you're not an octopus!* New York: HarperTrophy.

McNulty, F. (1987). *The lady and the spider.* New York: HarperTrophy.

Steig, W. (1992). *Amos & Boris.* New York: Farrar, Straus and Giroux.

Stewart, P. (1999). *A little bit of winter.* New York: HarperCollins.

## 辨別有生命與無生命的物體

Lionni, L. (2006). *Alexander and the wind-up mouse.* New York: Knopf Books for Young Readers.

Steig, W. (2005). *Sylvester and the magic pebble.* New York: Simon and Schuster Books for Young Readers.

Wells, R. (1982). *A lion for Lewis.* New York: Dial Press.

Williams, M. (1958). *The velveteen rabbit.* New York: Doubleday.

圖 3.6　閱讀時間也可以選擇跟科學相關的書籍

①蠶寶寶的生命週期

②在很久很久以前，有一顆卵

③他們為自己做一個繭，
　然後住進裡面

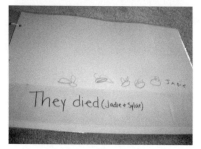

④他們最後死了

圖 3.7　取自幼兒創作的班級圖書——蠶

# 運用科學日誌

　　對科學家而言，日誌是簡單但卻十分重要的工具。老師可以教導幼兒如何使用「日誌」這個工具來記錄他們的想法以及收集到的資料，讓這些資料可以被保存下來及分享出去。老師可以發給幼兒一人一本筆記本（線圈筆記本或是速記本都相當適合），讓他們製作個人封面，並鼓勵幼兒將這本日誌使用於科普活動的紀錄，而不是用來畫日後要放在作品集或其他筆記本的作品。日誌的使用利用了幼兒愛畫畫的天性及天生的繪畫技能來鼓勵幼兒將它用於特定的用途與目的。日誌的使用促進幼兒使用具象的表達方式來傳達有關實驗或一個事件的具體資訊。老師不再只是要求幼兒「畫一顆蘋果」，他們更確切地要求幼兒「畫我們今天切開的那顆蘋果」。這樣的作法會將幼兒的注意力導向真實世界的物體，並且將他們所注意到的特徵如顏色、形狀、各個部位，在繪畫日誌中傳達出來。

　　在 PrePS 教室中，我們發現了一個趨勢，當老師要求幼兒將放在他們面前的東西畫下來並鼓勵他們畫出細節時，幼兒的繪畫品質提升了。舉例而言，有一個小朋友的班上正在進行布料及質感的課程，所以他想要畫出他在一塊布料上觀察到的螺旋型圖案。螺旋型是非常難畫的圖案，所以一如預期，他畫出尖尖角角、難以辨識的圖案。但他下定決心一定要畫出來，所以他不停地嘗試，一直到他在他的日誌上畫出跟布料上相似的圖案。老師並沒有幫他畫任何一個圖案，或是要求他去修改他先前畫的東西，他主動地嘗試完成一個正確的圖像，並且堅持到底。另一個孩子仔細地選了幾個深淺不一的綠色、棕色及紅色的色鉛筆來記錄水仙花莖微妙的色彩差異。

　　老師對於幼兒做日誌的企圖心應該不加評判地接受，有些幼兒可能一開始不喜歡做記錄，或者記錄的成果看起來像隨隨便便的塗鴉。老師當然可以小心翼翼地引導孩子架構出做記錄的過程，但請謹記在心，每個小孩都會自然而然地發展出自己的學習進度。在幼兒開始著手畫圖之前，可以

給幼兒選色的建議，或是描述物體的形狀或部位給幼兒聽，這樣可促使幼兒更加仔細觀察或更加精確記錄他們所觀察的物體（詳見圖 3.8）。如果可能的話，老師應該要請幼兒介紹他們的紀錄，因為這個解說的過程經常能突顯出孩子的目標。試想以下這個畫面，幼兒在記錄昆蟲的觀察上畫了一些看似不加控制的塗鴉。當老師請幼兒描述她的畫作時，幼兒說她畫的是記錄昆蟲移動的軌跡，而不是昆蟲。小朋友經常會帶給大人意外的驚喜，因為他們會注意到大人所忽略的特徵（詳見圖 3.9）。我們應該將注意力放在做記錄的過程，而不是最終的成品；瞭解小朋友的目標及想法是至關重要的。如何使用日誌來評量小朋友對科學觀念的理解將在第五章詳述。

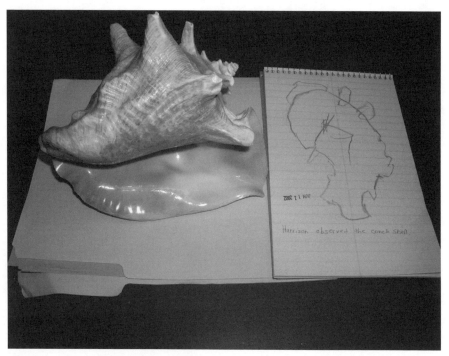

圖 3.8　一個三歲的幼兒畫的海螺

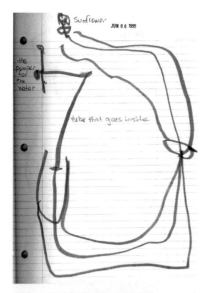
Sunflower  JUN 0 6 1995
the pumper for the water
tube that goes inside

**圖 3.9　日誌紀錄的範例**

老師可以用問問題的方式來鼓勵幼兒討論他們的日誌紀錄，例如：「你的解釋好豐富，那我可以把你說的話寫在畫畫的旁邊嗎？」將幼兒用來描繪他們作品的語言寫下來是一種將口語與書寫語言連結的作法，幼兒開始將書面文字與他們自己或是別人想表達的說法或想法做連結。在實務上，我們也觀察到在畫了幾個月的日誌後，有一些幼兒開始在日誌上用自己的文字做記錄，也常常提出某一個字或字母怎麼拼或怎麼寫的問題。PrePS 的課程提供了可以讓幼兒以繪圖或文字的方式做記錄的內容。

　　日誌也可以成為時間推移的有形證明。老師可以提供幼兒日期章來幫助他們標示日誌紀錄。這一開始也許會是一個出人意外的活動，因為很多小朋友還未具有時間及日期順序的觀念，那麼為何要使用日期章呢？這個活動的用意是在記錄事情會如何發展，而不是在年初時發生了什麼事情。日期章可以被導入成為一個輔助的工具，幫助班上的小朋友找出他們什麼時候做了哪個實驗。藉由查閱日誌的過程，幼兒可以觀察到 3 月 15 日種下的種籽在 3 月 25 日發芽了，然後在 4 月 27 日長到 1 英尺高。日期章的使用可以讓幼兒看到他們曾經做了什麼事（例如：「我們在 10 月研究了南瓜」），並預測什麼事情將發生（例如：「我跟你打賭，那株花下個星期就會長到 2 英尺高」）。在團體討論時間或是在日誌製作角落時，調整日期章上的日期可以促進小朋友學習時間推移的概念以及日期章記錄日期變化的功能；這樣的活動也使得抽象的概念，如時間，變得較具象。當然，日期章是個新鮮又有趣的新事物，幼兒需要一點時間來學習如何適當地使用它，而不是將它拿來做裝飾圖形使用（如圖 3.10）。因為幼兒可能會用任何一頁空白頁來記錄他們的觀察，因此蓋在上面的日期記錄了

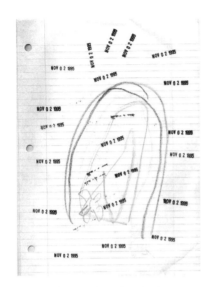 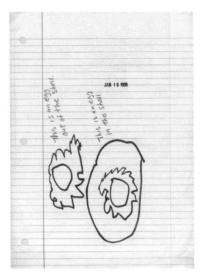

圖 3.10　將日期章用來做裝飾（左）及用來做為科學的工具（右）

內容製作的時間，而且製作的順序也不會因此喪失。

　　雖然日誌是用來記錄觀察及預測相當好的工具，但在開始運用前仍有一些使用上的考量。首先，日誌並非一定要在學期的一開始就使用，每個班級的狀況都不盡相同，至於幼兒何時可以開始使用日誌來記錄他們的觀察成果，你會是做判斷的最佳人選。此外，如果日誌紀錄在計畫好的時間點或活動上執行得並不順利，那就稍後在別的活動上再試試看。日誌在 PrePS 教學活動上占了一個相當重要的地位，但並不是要幼兒將他們所做的每一件事都以這種方式記錄下來。其他的記錄方式也可以用來取代或配合日誌的使用，例如：全班的小朋友可以一同來製圖、製表及製作模型。在活動 3.1 中所描述的蘋果觀察活動就可以用蘋果的照片來輔助外觀的觀察，而幼兒的預測就可以寫在切開蘋果的照片旁邊。這些觀察結果的表列項目似乎能增進幼兒的成就感，幼兒常常會請老師跟家長從紀錄表上「讀我的預測給我聽」。

　　即使是年紀非常小的幼兒都能參與記錄活動。在我們的實例中，有一個二至三歲年齡的班級，在活動中老師引導小朋友觀察草莓、蘋果跟紅蘿蔔，並且預測這些食物的內在會是什麼樣子。老師將他們觀察外觀的結果、預測以及實際觀察物體內部的結果，製作成表格記錄在這些食物的照片旁邊（詳見圖 3.11）。雖然在這個年齡層使用日誌是不太適合的，但有些三歲的小朋友已經能使用繪畫來記錄簡單的物體（詳見圖 3.8），而且全部的幼兒都能參與製作班級清單及圖表。

日期：2001 年 4 月 18 日

| | 外觀觀察 | 內觀預測 | 內觀驗證 | |
|---|---|---|---|---|
|  | ● 種籽長在外面<br>● 紅色的<br>● 頭上長綠色的葉子 | ● 跟外觀不同，裡面是黃色的<br>● 有一點深的黃色 | ● 白色<br>● 紅色<br>● 中間有一個洞 |  |
|  | ● 紅色的外皮<br>● 長得像「O」字型<br>● 頭上長一個柄<br>● 果皮上有一點一點的 | ● 果肉很大塊<br>● 裡面是紅色的<br>● 裡面有三顆種籽<br>● 裡面看起來像紅蘿蔔一樣 | ● 看起來像一隻蝴蝶<br>● 裡面是白色的<br>● 種籽長在一個洞裡<br>● 一共有 8 顆種籽 |  |
|  | ● 橘色的外皮<br>● 頭頂上長花<br>● 看起來像一根棒子 | ● 裡面會有一臺卡車<br>● 裡面是裂開的樣子 | ● 裡面有一點點綠色的<br>● 大部分都是橘色的 |  |

圖 3.11　二至三歲幼兒製作的觀察—預測—檢核表

# 規劃科學操作活動

老師可以運用其他工具來輔助他們將更多的科學活動融入教學中，在第二章中所提到的課程網就是一例。另一個範例是科學操作計畫網格（詳見圖 3.12），這個網格可以用來引導設計支援多元科學操作的學習經驗。當我們在規劃活動的時候，我們使用這個網格來提示我們去思考如何用不同的說法或作法來探索某一個特定的內容。有時候某些活動的內容並沒有明顯使用到任何一項科學操作法，這沒有關係。如果網格裡有任何一項是空白的，老師可以花一點時間腦力激盪一下，思考一下是否有任何延伸活動可以用來達成這一項學習目標。

老師可以在這一整年當中，重複使用這個網格來規劃跨領域的教學內容，這樣的規劃可以確保幼兒有許多使用科學操作方法的機會。請謹記，內容與操作是缺一不可的。藉由相異的操作方法來探索相似的內容，或相似的操作方法來探索相異的內容，幼兒不僅可以學得更完整，也可以學得更深入。這樣的理解能力會在學習新的課程內容，甚或是終生的學習上，形成相當大的助力。

活動 3.3 及 3.4 針對一些成功的 PrePS 教學經驗提供詳細的步驟說明。這個網格是我們在將 PrePS 教學導入新的參與學校時所發展出來的。雖然我們曾在別的書（Gelman & Brenneman, 2004）上提出過 PrePS 的特點就是他並沒有特定作法，但是我們發現新加入者都能體會我們提出具體的、延伸的範例，就如我們所說「這是一個與觀念連接的學習經驗，而這個學習過程讓幼兒親身體驗真正的科學操作。」雖然這些活動看起來冗長又複雜，但請注意察看網格的內容，在摘要及程序中有一些資料是重複的，甚至網格的內容也是重複的。此外，有些活動是以多元的形式呈現的，活動的進行會延續多日，或甚至是更久。當你在規劃班級活動時，你可能只會需要用到網格（詳見圖 3.12）來具體說明你所設計的學習經驗如何支持個別的科學操作。

## 科學操作計畫網格

| 科學操作方式 🌱 | 概念／焦點：<br>體驗活動： |
|---|---|
| 觀察、<br>預測、<br>檢核 🔍 | |
| 比較、對照、<br>實驗 🌸🌼 | |
| 詞彙、<br>論述、<br>語言 💬 | |
| 計數、測量<br>及數學 📏 | |
| 記錄及建檔 📓 | |

圖 3.12　科學操作計畫網格

*Preschool Pathways to Science (PrePS*™*): Facilitating Scientific Ways of Thinking, Talking, Doing, and Understanding* by Rochel Gelman, Kimberly Brenneman, Gay Macdonald & Moisés Román.

　　註：如往常一樣，這些資料的作用在於說明。如果你喜歡這些資料，就按照原設計使用，或是把他們當作你的想法及計畫的出發點。如果你希望設計自己的活動，就使用圖 3.12 的空白網格。你也可以將它改編成更佳的工具來為你的學生設計強有力的學習經驗。

概念／焦點：
引導活動

活動 3.1

# 導入觀察的概念

　　這一個活動導引是根據數個老師在課程活動中所轉錄的文字紀錄發展而成的。我們想要表達的是這個導引活動的精髓，而不只是提供一份真實的底稿。如往常一般，我們希望我們所提供的資料是一個架構，你可以用這個架構來發展你所需要的課程。

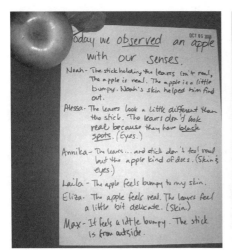

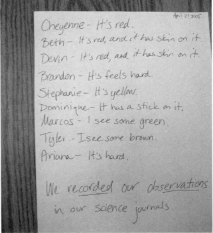

圖 A3.1　蘋果觀察記錄表

活動 3.1

# 步驟

　　活動一開始，老師拿出一顆蘋果，並告訴幼兒等一下每個人都會觀察這顆蘋果。在介紹完「觀察」這個詞之後，詢問幼兒他們是否認識這個詞。他們很有可能都不知道，不過，先聽聽幼兒的意見，然後告訴他們這個詞真正的含意（例如：發現，用感官去瞭解一個物體）。你可能會需要一點時間來解釋什麼是感官。盡量讓小朋友告訴你什麼是感官，然後再一個一個介紹感官的功能。

> **材料**
> - 一顆蘋果或每位幼兒各一顆蘋果
> - 一張用來製作觀察記錄圖表的紙或海報紙
> - 如果要導入日誌，準備每個幼兒一本筆記簿
> - 如果要導入日誌，準備一個日期章

- 告訴幼兒你會把他們的觀察結果寫下來或記錄在一個圖表上。在圖表的最上方寫下標題，例如：「我們的蘋果觀察」。並在圖表上標上日期，並且告訴幼兒標上日期的目的是為了讓他們日後可以知道哪一天做了蘋果的觀察，以及每個人的觀察結果。

- 讓幼兒一個傳一個來觀察蘋果（或是給幼兒每人一顆蘋果），然後問小朋友：「你注意到蘋果有什麼看起來很特別的地方嗎？」或是「你觀察到蘋果有什麼看起來很特別的地方嗎？」如果小朋友一直在重複相同的

第三頁　　　　　　　　　　　　　　　　　　**活動 3.1**

答案，就請幼兒再想想有沒其他的答案，但不要強迫。將每個幼兒的名字及他們的觀察記錄下來。如果必要的話，提示幼兒：蘋果是什麼顏色的？它摸起來是什麼感覺？它是光滑的還是粗糙的？它是冷的還是熱的？你覺得它重嗎？如果有幼兒不想做觀察，沒有關係。隨著他們看跟聽別的幼兒做觀察，他們漸漸地會變得比較敢發言。你也可以試著請這些孩子稍後跟你做個別討論。

- 幼兒都做了觀察後，再一次將記錄的概念（也就是「寫下來」）介紹給小朋友，並且再將小朋友的觀察回顧一次（詳見圖 A3.1）。

- 最後，為下一個活動鋪陳：「明天我們要來想想蘋果裡面有什麼東西。」

　　你也可以運用這個活動來將科學日誌介紹給幼兒。如果你希望小朋友自己將他們的第一個科普活動記錄下來，請參考第 64 至 68 頁的作法。

*Preschool Pathways to Science* (*PrePS*™)*: Facilitating Scientific Ways of Thinking, Talking, Doing, and Understanding* by Rochel Gelman, Kimberly Brenneman, Gay Macdonald & Moisés Román.
English Edition Copyright © 2010 by Paul H. Brookes Publishing Co., Inc.
正體中文版著作權 © 2014 心理出版社股份有限公司

## 科學操作計畫網格

| 科學操作方式  | 概念／焦點：為後續 PrePS 體驗活動所鋪陳的引導活動。<br>體驗活動：觀察蘋果。 |
| --- | --- |
| 觀察、<br>預測、<br>檢核  | 這個簡單的活動是用來介紹「觀察」（名詞及動詞）的操作定義。老師鼓勵幼兒思考使用不同的感官能力來感覺蘋果各方面不同的特徵：蘋果是什麼顏色？它摸起來的感覺如何？是光滑的，還是粗糙的？是熱的，還是冷的？你覺得它拿起來重重的嗎？ |
| 比較、對照、<br>實驗  | 科學操作的方式不是這個活動的主要重點。 |
| 詞彙、<br>論述、<br>語言  | 介紹「觀察」一詞後，詢問幼兒是否知道這個詞的意義。他們很有可能都不知道，不過，先聽聽幼兒的意見，然後告訴他們這個詞真正的含意（例如：發現，用感官去瞭解一個物體）。<br>用不同的方法來提問——「你觀察到哪些蘋果的特點？」「你注意到哪些蘋果的特點？」「你能告訴我一些跟蘋果有關的特點嗎？」「你觀察到什麼？」——藉此，幼兒對做觀察的意義得以發展出更廣泛的理解。<br>介紹幼兒各種不同形容蘋果特點的詞彙，並且鼓勵使用這些詞彙。 |
| 計數、測量<br>及數學  | 科學操作的方式不是這個活動的主要重點。 |
| 記錄及建檔  | 老師將幼兒的觀察記錄在圖表上，這個圖表可以用來做為日後觀察「切開的蘋果」活動時「觀察、預測、檢核」圖表的導引（見活動3.2）。<br>當老師在觀察結果附註日期時，老師可以跟幼兒介紹科學家一樣在他們的紀錄上附註日期。我們會告訴幼兒將觀察日期寫下來，所以日後才會知道是在哪一天做了蘋果或是其他不同的觀察。老師也會提供日期章來讓幼兒在他們的日誌紀錄上附註日期。<br>老師可以將幼兒的畫轉錄成文字。如果幼兒在記錄時你也在現場，你可以小心地以提問的方式引導幼兒去思考要用什麼顏色來記錄這顆蘋果，如何描繪蘋果的形狀以及各個部位。如果幼兒不知道要記錄什麼，老師也可以使用紀錄圖表來引導幼兒：「我們來看看我們觀察到蘋果有哪些特徵。我們可以一起來讀圖表上的紀錄。或許這麼做可以幫助你決定你要畫什麼。」 |

| 第三頁 | 活動 3.2 |

讓你覺得多汁，溼溼的嗎？」「Natasha 認為會有蟲住在裡面，這是一個很棒的預測。Natasha，蘋果裡面有蟲嗎？」

　　完成觀察—預測—檢核的步驟後，這個活動可以有許多不同的延伸方式。幼兒可以使用日誌記錄他們觀察蘋果內部的結果，老師也可以請幼兒預測蘋果嚐起來如何；是脆脆的或是軟軟的等等。在點心時間時，老師可以讓幼兒嚐嚐這些蘋果來檢核他們的預測結果（詳見活動 4.1）。

# 科學操作計畫網格

| 科學操作方式  | 概念／焦點：為後續體驗活動所鋪陳的引導活動。<br>體驗活動：觀察蘋果內部。 |
|---|---|
| 觀察、<br>預測、<br>檢核  | 老師幫幼兒回顧他們在前一次活動中觀察蘋果外觀的成果。<br>重新製作一個圖表來記錄蘋果內部的預測及觀察結果，老師介紹幼兒「預測」的概念，並說明「預測」是一種特殊的猜測活動，並且進行預測蘋果內部有什麼東西。<br>詢問幼兒他們可以如何進行檢核，然後將蘋果切開。幼兒可以利用他們的觀察技能來檢核他們的預測。 |
| 比較、對照、<br>實驗 | 科學操作方法的練習並不是這個活動的重點，但這些操作方法可以在後續比較及對照蘋果內部、外部及不同品種口味的延伸活動中成為重點。 |
| 詞彙、<br>論述、<br>語言  | 老師會將「預測」（名詞與動詞）這個術語的操作定義以及概念介紹給幼兒。後續的活動將會配合再更增強這個詞彙的涵意以及操作的程序。<br>藉由提出聚焦在不同特徵的問題來鼓勵幼兒進行各式各樣的觀察及預測活動，以及使用不同的詞彙，例如：「在紅色部分下面看起來像什麼？」「你覺得你會聞到什麼味道？」「覺得它摸起來會乾乾的？還是溼溼的？」 |
| 計數、測量<br>及數學  | 幼兒可以預測每顆蘋果裡會有多少顆種籽，並且用數數的方式來檢核。老師可以把這些數字記錄下來，然後請幼兒逐顆比較。每顆蘋果都有一樣多的種籽數量嗎？哪一顆蘋果的種籽最少？幼兒一次最多發現了幾顆種籽？我們一共找到了幾顆種籽？ |
| 記錄及建檔  | 老師可以跟幼兒強調，我們像科學家一樣將東西記錄下來，這些記錄下來的資訊可以用來追蹤我們的想法，跟家長分享，也可以在日後拿來回想我們曾經有過什麼樣的想法。<br>在圖表及日誌上附註日期，並且利用這個機會跟幼兒複習一下在我們的紀錄上附註日期的重要性。<br>幼兒可以觀察蘋果的內部，並將觀察結果記錄在他們的日誌上。 |

概念／焦點：
季節的更替／動物的適應方式

| 活動 3.3 |

# 黥脂手套實驗

　　這個活動提供幼兒探索黥脂及其他材料的保溫性能以及相關的簡易實驗。

## 步驟

　　老師可以從討論人類及動物如何在冬天保暖來鋪陳這個活動。這個討論可以在稍早的團體時間就先進行。

　　在團體時間進行時，稍微先簡短地回顧一下之前所討論過關於動物如何保暖的內容，然後將黥脂的概念介紹給幼兒，並且跟幼兒宣布稍後將會進行一個實驗來瞭解更多黥脂相關的資訊。

　　這個實驗需要用到一組填滿固

## 材料

- 夾鍊袋
- 萬用膠布（非必要）
- 一大罐植物性酥油
- 羽毛或是其他保暖材料〔最好是可與黥脂對照的非白色材料（非必要）〕
- 一個大桶子、冰桶，或是感官實驗桌
- 一袋冰塊
- 紙巾
- 相機（非必要）

態植物酥油（「黥脂」）並密封的兩層塑膠袋。在實驗中，幼兒會將一手伸入套有黥脂包的手套，另一手伸入沒套有黥脂包的手套中，然後將雙手一起放入一個裝有冰水的桶子或是冰桶中。

*Preschool Pathways to Science (PrePS*™*): Facilitating Scientific Ways of Thinking, Talking, Doing, and Understanding* by Rochel Gelman, Kimberly Brenneman, Gay Macdonald & Moisés Román.
English Edition Copyright © 2010 by Paul H. Brookes Publishing Co., Inc.
正體中文版著作權 © 2014 心理出版社股份有限公司

**活動 3.3**

　　在進行這個實驗之前，讓幼兒先預測有黏脂或是無黏脂的手套哪個比較保暖。

- 製作黏脂手套時，將酥油均勻地抹在夾鍊袋裡，並且確實地覆蓋每一個角落。將另一個夾鍊袋翻面，套入塗滿酥油的夾鍊袋裡，然後將兩個袋子扣緊。使用萬用膠布將袋口封緊，以避免袋口意外開啟。使用另外兩個夾鍊袋，將兩個套在一起，但內層不塗酥油。

- 將冰塊及一些水裝入桶子、冰桶，或是感官實驗桌內。讓幼兒左右手各戴上一種手套，然後將手浸入水中（你可能需要稍微壓一下孩子的手，讓他們的手可以完全浸入水中）。跟小朋友說當其中一隻手覺得冷了，就要告訴老師。是哪隻手覺得冷呢？哪隻手套較能幫他們的手保暖呢？將他們的感覺記錄在圖表上（詳見圖 3.3）。

　　老師可以替換手套中的填充物來延伸學習及增加練習實驗步驟的機會（有填充羽毛 vs. 無填充羽毛，或是填充黏脂 vs. 填充羽毛）。這些新的實驗應該要使用各種不同的填充材質，並且延續許多天。

# 科學操作計畫網格

| | |
|---|---|
| 科學操作方式  | 概念／焦點：季節更替／動物的適應方式。<br>體驗活動：鯨脂手套。 |
| 觀察、<br>預測、<br>檢核  | 在經過幾天有關人類及動物在冬天或寒冷的環境下如何保暖的討論後（如鯨脂、羽毛、毛皮），將鯨脂手套的活動導入討論中，並且預告幼兒將要做一個實驗來學習更多關於鯨脂的知識。跟幼兒描述整個實驗的步驟，並且請他們預測哪個手套較能幫他們保暖。 |
| 比較、對照、<br>實驗  | 請幼兒描述他們的手在水中時的感受。有一隻手在逐漸變冷？哪一隻？哪一隻手套較能保持他們手部的溫暖？<br>這個實驗可以在幾天之後再進行一遍，將填充物改成羽毛 vs. 無羽毛組，羽毛組 vs. 鯨脂組等等。在活動的最後，你可以提供幼兒材料（兩種不同的手套及一個裝有冰水的冰桶），並且請他們去找出哪一種手套較能幫助手保暖，幼兒在這個活動中的表現就可以用來評量他們對基本實驗步驟的理解。換句話說，幼兒自己設計實驗，而老師評量幼兒是否在同一時間選擇使用兩種不同的手套。 |
| 詞彙、論述、<br>語言  | 練習使用描述性語言，包含溫暖的、冷的。<br>對幼兒而言，鯨脂應該會是一個新的詞彙。 |
| 計數、測量<br>及數學  | 當幼兒回顧實驗結果圖表時（詳述於下一個單元），老師可以帶領幼兒以數數的方式來比較兩種不同手套的保溫效果。在有鯨脂手套對無鯨脂手套這一項，這個比數很有可能會是 0 票（無鯨脂手套）對上一定的票數（有鯨脂手套），因為酥油的保溫效果遠高於塑膠袋。但是，如果是鯨脂對上羽毛，舉例來說，兩邊的票數比可能會很接近，而做比較的過程也會比較刺激。 |
| 記錄及建檔  | 為每一個實驗做一個實驗結果圖表。老師可以寫一個問題來當作標題，例如「哪一個手套比較保暖？」幼兒可以幫每一種用於實驗的手套畫出一個欄位（如：有鯨脂，無鯨脂），並以文字以及／或是照片來標示出每種手套的欄位。幼兒可以將他們的名字寫在他們自己認定的實驗物品與實驗結果相符的欄位裡，這個圖表亦可以在日後用來回顧這個實驗的結果。老師可以藉由請幼兒說出他們從實驗中所發現的事情來盡可能地讓幼兒參與討論，然後將他們所發表的意見跟實驗結果圖表做連結（如：「是啊，妳的名字在鯨脂手套的照片下方。Sasha 發現鯨脂手套可以讓她的手保持溫暖」）。<br>在實驗進行中拍下照片，跟幼兒分享這些照片，藉由這個活動來評鑑小朋友記得多少實驗中學習到的關鍵概念。請幼兒描述他們當時在做什麼，他們當時試著想要瞭解什麼，以及他們所發現的現象。每位幼兒所提供的資訊透露了他們對簡易實驗步驟的瞭解程度。 |

# 有生命與無生命的特徵
# 使用發條玩具的活動

　　這些活動能激發幼兒去思考或是談論有關有生命及無生命物體的各項特徵。由 Leo Lionni 所著的《阿力和發條老鼠》一書提供了許多可以比較及對照「真實的動物」以及「仿動物形體的發條玩具」的外觀、行為及能力。這本故事書也同時提供了新詞彙以及新觀念的學習（例如：鎖──幼兒通常用來稱轉動發條玩具或者是相似的物品）以及與情緒相關的討論（例如：嫉妒、一顆沉重的心）。在延伸活動中，幼兒得以預測他們對玩具老鼠內部構造的想法，並且對他們的猜想進行檢核。

## 步驟

　　跟幼兒一起閱讀故事書之前，花一點時間來確認要在哪幾個點上停下來提問題；例如，玩具需要吃東西嗎？玩具會自己動嗎？玩具需要睡覺嗎？如同先前提到的，藉由提問與故事角色相關的問題以及使用新的詞彙在閱讀的過程中跟小朋友互動。

### 材料
- Leo Lionni 繪本《阿力和發條老鼠》
- 發條玩具
- 小鐵鎚
- 耐用的塑膠密封袋（冷凍用塑膠袋效果不錯）
- 放大鏡

*Preschool Pathways to Science (PrePS™): Facilitating Scientific Ways of Thinking, Talking, Doing, and Understanding* by Rochel Gelman, Kimberly Brenneman, Gay Macdonald & Moisés Román.
English Edition Copyright © 2010 by Paul H. Brookes Publishing Co., Inc.
正體中文版著作權 © 2014 心理出版社股份有限公司

當進行延伸活動時，請幼兒想想並描述真的老鼠身體裡會有什麼？發條老鼠身體裡會有什麼？他們在這個活動上的表現應該會相當不錯；他們知道真的老鼠身體裡會有血、骨頭以及食物，發條老鼠身體裡可能會有齒輪、電池及電線。鼓勵小朋友思考任何可以找出以及確認發條玩具內部含有什麼東西的方法，然後將一個發條玩具拆開。我們曾經使用以下的步驟成功地引導了這個活動：為了安全上的考量，將一個發條玩具放入一個冷凍密封袋，並將袋口封牢，然後用鐵鎚將玩具的外殼敲破，密封袋會防止碎片飛出。將玩具從密封袋中取出，並用手將玩具外殼完全剝除。玩具打開後，幼兒馬上沈浸在探索發條玩具內部發現的齒輪及機械裝置的樂趣中。鼓勵小朋友使用放大鏡來辨認內部構造並且詳加描述他們的發現。這個活動是一個展現「科學工具如何在觀察細節時助我們一臂之力」的最佳實例。

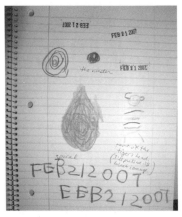

圖 A3.4　融入新的形狀及新的字彙所完成的日誌紀錄

*Preschool Pathways to Science (PrePS™): Facilitating Scientific Ways of Thinking, Talking, Doing, and Understanding* by Rochel Gelman, Kimberly Brenneman, Gay Macdonald & Moisés Román.
English Edition Copyright © 2010 by Paul H. Brookes Publishing Co., Inc.
正體中文版著作權 © 2014 心理出版社股份有限公司

## 科學操作計畫網格

| 科學操作方式  | 概念／焦點：有生命及無生命的特徵。 體驗活動：由 Leo Lionni 所著的《阿力和發條老鼠》、發條玩具。 | |
| --- | --- | --- |
| 觀察、預測、檢核 | 在團體討論活動中,幼兒觀察阿力及威力的圖片並描述他們的特徵。 製作圖表來記錄他們的觀察與發現。 | 預測發條玩具內部有什麼東西。 問幼兒要如何檢核他們的預測。 在每一個小團體裡敲開一個發條玩具。 |
| 比較、對照、實驗  | 提出事先設計好的問題,將幼兒導向比較和對照有生命物體(阿力)及無生命物體(威力)的關鍵特徵。 | 討論活生生的動物及發條玩具動物的差別(如外觀、能力、動作)。 |
| 詞彙、論述、語言  | 定義及討論故事中所用到的詞彙(如鎖、嫉妒、沉重的心)。 將討論的重點放在比較及對照來鼓勵幼兒使用比較性的語言(如軟的／硬的、真的／假的)。 | 示範並鼓勵幼兒使用比較性的語言。 介紹新詞彙——螺旋形。 |
| 計數、測量及數學  | | |
| 記錄及建檔  | 回顧先前所製作的觀察結果圖表。 製作日誌紀錄。 | 使用日誌來記錄發條玩具的內部構造。 鼓勵已經具備練習寫字能力的幼兒為他們自己的記錄做附註。 |

# 第四章

# 開始並前進

藍依勤　譯

　　當我們開始向老師介紹 PrePS 時，我們面臨一些需要我們重新思考並擴展我們取向的實務問題。PrePS 原本是開發來協助教師設計他們自己獨立、全面性、新穎課程的架構，但是許多老師告訴我們他們無法做到，有些老師則被「設計自己課程」這樣的想法擊潰，其他老師則在已經使用某個綜合性課程的學校工作；他們有興趣的是去使用 PrePS 來增進，但非取代原本的課程。

　　基本而言，我們對這兩項議題的回應是相同的。我們知道選擇在意義上相互連結的核心概念、焦點以及學習經驗是 PrePS 中較具挑戰性的一部分，它常常需要一個從思考主題到思考科學概念的轉換，而且它可能需要一些調整。我們的建議是從將科學實踐（science practices）整合到你的教室活動著手，開始觀察、預測、實驗還有記錄，你將對支持孩子以科學方式思考、表達還有工作感到更自在。隨著這項工作變得較為容易，以及隨著你看見學生如何積極回應，你可以進入選擇一個核心概念以及設計與它相關的概念連貫學習活動上。對於那些使用其他綜合性課程的老師，我們同樣建議將這些科學實踐併入正在進行的活動中，幫助孩子尋找和發現想法和活動這兩者之間的關聯性。這個取向本身的改變將有益於年幼的學習者。

　　當我們把 PrePS 帶進新學校時，我們發現老師能很快地理解並使用這個課程的某些面向。在這些科學實踐中，老師似乎對納入日誌和文件紀錄特別有熱情，可能因為這些同時是不錯的讀寫練習。相當多老師已經準備好支持語言和讀寫的發展，因為這些是在教師預備和專業發展課程中所強調的重點。日誌和文件紀錄似乎有種熟悉感，因為它們映射並且延伸教師已經知道與在做的事。

# 開始 PrePS

　　要再次強調的是，PrePS 並不是硬性的課程；反之，它支持了孩子與教師的創意跟獨特性，它也尊重教師對其學生的認識和教導他們的方式。然而，我們也知道我們需要提供剛剛開始認識 PrePS 的老師們一個架構，最佳的方法就是提供多元、多量的實例來幫助老師理解我們的概念取向——正如我們建議教師為他們的學生所做的一樣。本章將呈現許多實例，這些實例說明了實行中的 PrePS，並討論一些常見的問題：我該怎麼在我的教室裡開始 PrePS？我該怎麼繼續？有哪些長期計畫的例子？

## 材料與工具

　　我們對學前科學的取向是它與我們的日常生活息息相關——這個哲學反映在我們使用於活動中的材料上。開始使用 PrePS 包括讓孩子使用某些工具和材料，但是它們不需要是昂貴的。大部分你要使用的工具及材料都可以在雜貨店或折扣商店找到，有些觀察和測量的工具則可能早就在你的教室裡了，它們遲早會在你介紹工具時派上用場。PrePS 並不需要花俏的科學儀器，一些簡單的工具就能促進各種不同的科學經驗。像是放大鏡和桌上型放大鏡（tabletop magnifiers），有助於對小物件的探究並讓學生更容易看到物體的樣式、質地還有較細微的部分。簡單的測量工具（例如：天秤、尺、量杯和湯匙）經常被納入 PrePS 的經驗中。

　　你絕對會想要擁有的一種工具是給每個孩子一本科學日誌，使用你偏好的筆記本形式（例如：空白或是有可供書寫的橫線格式頁面），要讓蠟筆或是彩色鉛筆也能隨手取用。保持這些東西在良好的狀態或是購買很多套這樣的用具可能有困難，但它們確實改善了孩子日誌紀錄的品質。有了它們，孩子不需等待太久便能找到正確的顏色來表現他們所觀察的東西。

　　一個科學導向的教室在教室和遊戲場上的各處都會有測量和觀察工具，不是只有在實驗桌（science table）或探索區提供這些工具。正如同創意不只發生在扮演區和工作區一樣，以科學或數學的方式思考和工作的機會也會發生在實驗桌之外。當孩子想要記錄他們的科學觀察或學習時，他們應該要能取得他們的科學日誌。

　　如同在第三章描述的，能引起觀察和測量活動的工具應該要放置在教室的各處。孩子不太可能在缺少老師的引導下自行發現科學工具的主要用途——雖然他們不論如何都可能會發揮創意來使用這些工具（見圖4.1），藉由納入這些工具到科學活動中以提供有關這些工具功能的資訊給孩子。同時，當孩子在感官桌、在扮演遊戲中、在積木區、在教室其他區域，以及遊戲場使用它們的時候，你可以非正式地增強它們的功能。例如，如果你把量杯放到沙箱中，花點時間跟孩子一起活動，他們就能瞭解這些勺子有什麼特別之處。孩子不會一直把它們當成測量工具使用，但是他們應該會知道測量是可以進行的，你可以重新在烹飪活動中再次回溯這個想法。藉由提供工具以及引導，老師能激發孩子更熟悉科學和數學工具，探索他們所做的工作，以及用科學和數學的方式思索日常的活動。例如一群 PrePS 教室的孩子在戶外遊戲時間被觀察到自發性使用各種工具探索他們周邊的物體和事件，有些孩子使用放大鏡檢閱一堆樹葉，觀察是否有任何生物存活其中；另一群孩子則在挖東西，用尺去測量他們找到的蟲子長度，並用放大鏡去觀察蟲子的身體。

圖 4.1　量杯並非總是用來測量

　　有些工具比其他工具要來得容易介紹，放大鏡和桌上放大鏡的功能就一目瞭然。孩子會從只是讓東西看起來大一些這件事當中得到樂趣，雖然他們可能不會讓放大鏡的使用侷限於非常小的物體跟細節上，但孩子仍然會獲得如何使用這項工具以及如何詮釋他們的發現的基本概念。就這點而言，測量工具的介紹就顯得較為困難，它們的正確使用以及詮釋並不夠明顯。花點時間思考該如何精確但簡單地談論這些工具，並且務必提供多元的引導機會來將這些工具納入科學探索中，如果可能的話，藉由它們連接到某個孩子已知的事物上來介紹這些工具。從第三章回想一下，放大鏡可以一種延伸個人視覺經驗的方式來介紹，天秤則可以一種觀察和比較物體重量的方式來介紹。再舉一個例子，如果你的科學探索讓你想要使用溫度計，想一想你該如何介紹這項工具，以便它能緊繫於孩子對這世界的觀察

（詳見 Box 4.1）。關鍵就跟所有良好的教學方式一樣：先建立於先前的課程上然後延伸它們，呈現可以連繫到已知知識上的資訊。

## Box 4.1
## 介紹溫度計

　　如果你決定使用溫度計做為科學探索的一部分，一個介紹它的方式就是讓孩子去感覺兩杯水——一杯冷水跟一杯溫水。在他們辨識出這兩杯水的不同後，在每個杯子中插入一支溫度計（務必確保溫度計能安全顯示那杯溫水的溫度），讓孩子觀察這兩支溫度計之間的差異。

　　孩子已經知道這些水杯有不同的溫度，因此他們能將「紅線」（red lines）中的差異連結到這項理解上。一條較大的〔或是較高（taller）、更高（higher）、更大（larger）〕的線意味著較熱，一條較小（或是較短、較低）的線則表示較冷。讓孩子藉著預測當溫度計從冷水移至溫水時會發生什麼事來試驗這個新點子。預測看看是否在陽光中的溫度計比在陰影下的溫度計出現更大的紅線。

　　你不需要介紹溫度計上的度數，但是孩子可能會對它們感興趣。如果是這樣的話，試著將這些度數與他們先前的認識相連結〔例如：今天「外頭是不是很冷呀？溫度計上顯示現在幾度？20 度（註：此處指華氏溫度）？對，20 度是非常冷的。若在溫暖的天氣中溫度就會高多了，度數將會是一個較大的數字」〕。如果你確實談論了這些度數，那就指出溫度計上的紅線會在天氣溫暖時往上升然後變得較大。當孩子有更多使用溫度計去測量他們對高溫跟低溫觀察的經驗後，對他們來說這些度數比較可能變得有意義。注意，幼兒園的孩子不會形成完全的理解，但是相關的經驗會有助於他們在學校繼續求學。

## 設計連貫的學習經驗

開始進行 PrePS 最重要的一件事是關於你該如何進行的計畫，不管你是用主題網和週計畫表（見圖 2.4）來設計一個完整的課程，或是將科學實踐納入你正在進行的活動來著手，你都得思考你希望孩子會產生的概念連結，以及你可以提供來達成為學生設定的學習目標的經驗。當同事們一同定義學習目標及創造支持孩子學習的方式時，其中所需要的腦力激盪通常因此增加。雖然同事之間的合作並非通往成功進行 PrePS 的關鍵，但它卻使 PrePS 的成功更可能發生，定期的會議提供進行這種行動的機會。

當你遇到困難時，支持同樣有幫助，換個角度看待問題可能會造成找到解決之道或是選擇放棄之間的差異。由許多人所投入的新課程能增加成功率並提高這個課程永久存在的可能性。然而，如果你的同事並不想使用 PrePS，你仍然可以進行。在這樣的情況下，你可能會想從科學實踐和較為熟悉的內容著手，當你對這個取向感到比較自在時，再往前進入設計概念網（concept web）的部分。

不意外地，PrePS 教室可能會因參與其中的教師和孩子而看來十分不同，當然所探究的概念內容也將不同，但是參與者的經驗程度也有相當的影響。一個剛接觸 PrePS 的教師在實施 PrePS 的方式上會不同於一個已經使用 PrePS 多年並感到自在的教師，你所共事的孩子年紀也會影響你的學習目標還有你提供來達成這些目標的經驗。由於這些因素，我們不能預料在你教室中的確切狀況，但我們希望能提供足夠的資訊來讓你調整 PrePS取向，以適應你特殊的環境。

# 早期 PrePS 學習經驗

不考慮特殊情況的話，我們常常試著在學年之初開始 PrePS。如同在第三章中所描述的，當我們和一群新生開始 PrePS 時，我們先介紹觀

察（名詞）與觀察（動詞）（見活動
3.1）。接著我們介紹預測（名詞）
跟預測（動詞）這兩個詞彙（見活動
3.2）。這兩項經驗都被納入其他的科
學實踐中，尤其是在老師寫下孩子的
觀察跟預測的紀錄時，我們通常也會
在此時介紹日誌。蘋果是一個讓孩子
嘗試繪畫的極簡單物件，也是一個很
好的切入點（見圖 4.2）。

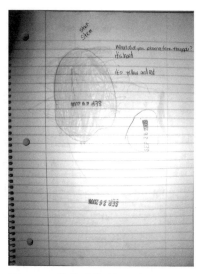

圖 4.2　非常早期的日誌紀錄

## 介紹觀察、預測和記錄

　　這些初期經驗十分基礎，因為觀
察、預測和記錄會持續在孩子的 PrePS 經驗中，一直到進入小學階段的科
學，還有再往後的階段中持續獲得練習。基於這個原因，我們不會匆促帶
過這些入門活動，它們可能進行幾天或者是稍微久一點，並沒有固定的步
調。如同以往，你可依據自己教室的需求或興趣來做出回應。

　　在這些入門的 PrePS 活動之後（活動 4.1 建立在活動 3.1 跟 3.2 上），
教室中的探索可以往不同的方向前進。將這些新經驗的內容連結到已經進
行過的活動上，以及盡可能地納入科學實踐。如果你已經選擇在幾個月裡
探索一個核心概念，那麼你應該會想要選擇一個能連接到早先的觀察和預
測活動，並且會連接到你計畫去探索其他重點的焦點。

## 我們該往哪裡走？

　　本節我們提供能接著入門 PrePS 經驗之後的延伸探索範例。每一組學
習經驗都在非常不同的環境下發展跟實踐；合起來考慮的話，它們闡明了
我們這個取向的彈性。在不同狀況下教學的教師都可以使用 PrePS 來支持

孩子的學習，他們也可以調整經驗的內容來適應學生的需求跟興趣。

在 Box 4.2 中，第一個學習活動使用各種不同材料來繼續內部跟外部的探索，然後提供使用「觀察—預測—檢核」次序的練習。第二個例子同樣聚焦於內部跟外部上，但是以更深入、更廣泛的方式來探究概念焦點。第三組經驗則是持續對蘋果的探索，它以連接到對梨子跟南瓜的探索上來做為秋天這個較大主題的一部分，當 PrePS 的某些方面可以應用到現有的主題式課程上。最後一個例子中，它的核心概念是形式（form）跟功能式（function），並以各種感官做為探索和觀察周遭世界的工具為焦點。

Box 4.2 中的實例來自於我們最早期在一個新學校點引入 PrePS 的內容。為了說明這個 PrePS 取向，我們每週去這個學校兩次，並讓孩子參與大團體討論，接著以小團體活動來延伸這些經驗。我們也跟教師談論關於一週裡持續以科學想法及程序的方式處理事情。這個學校實施綜合性的課程，因此我們致力於以有意義的、有關聯的科學學習經驗來豐富該課程。

Box 4.2 呈現我們對這些活動目標的筆記、孩子跟教師的反應，以及我們所參與的科學實踐。這些活動系列（探索世界上各式各樣物品的內部跟外部）提供了一個練習觀察、預測，以及檢核的自然方式。如同已經敘述的，我們知道孩子能超越表象的特徵來分類物體——如果他們對它們有所理解的話。這些活動讓我們更具體認識不同種類東西的內在、非表象特色。它們也提供了思考某些特定表象特徵能否預測內在特徵的練習。

## Box 4.2
## 探索「內部」及「外部」來練習觀察及預測

- **3 月 5 日**：介紹觀察（observe）及觀察（observation）。討論使用各種感官進行觀察，每個孩子都對蘋果進行觀察，這些都記錄在圖表上面。在小組中介紹日誌（journals），並要求孩子將他們對蘋果的觀察記錄在日誌裡。

- **3 月 7 日**：介紹預測以及檢核（check）。孩子預測蘋果裡面有什麼，這些預測都被記錄下來（包括在孩子預測種籽數目時）。切開蘋果來進行檢核，記錄孩子對蘋果內部的觀察，討論預測跟觀察之間的關聯，在小組中將發現記在日誌裡。

  附註：孩子投入了一個關於吃下種籽可能會有什麼後果的自發性精彩討論。有個孩子說，如果你吃了蘋果種籽，你身體裡面並不會長出一棵樹。在深究之下，這個孩子的推論是：它唯一可能在「如果我們給自己一些水跟泥土」的情況下發生。

- **3 月 14 日**：觀察蕃茄的外部，記錄觀察；預測蕃茄裡面有什麼，記錄預測；切開蕃茄來檢核預測，記錄觀察。將蕃茄的內部跟外部都記錄在日誌裡。

  附註：助理老師決定為孩子製作一些紙製蕃茄，有個幼兒把它們當做扮演遊戲中的道具，他扮演了種植以及採收他的果實！

- **3 月 19 日**：開始進行水果內部及外部的圖表，以便進一步鞏固觀察─預測─檢核的這個循環。使用蘋果、奇異果、萊姆、梅子跟草莓，將觀察的重點放在顏色還有種籽是否清晰可見。若是種籽清晰可見的話，一共有多少顆種籽。孩子在第一天時做出對每種水果外部的觀察，接著預測裡頭有什麼；這些內容都被記錄下來，然後孩子將它們黏在圖表上。孩子將他們所選擇的水果記在日誌裡面。

- **3 月 20 日**：切開水果來檢核預測，把觀察記在圖表上，介紹圖書做為檢核資訊的一種方式──如果你沒辦法自己進行檢核的話（例如：你無法檢核一隻動物的內部，但是你可以找到一本這樣內容的書）。使用一本介紹水果特徵的書〔例如：Fruit（De Bourgoing, 1991）；見 Box 3.7,

p. 47〕，展示這本書的封面，並要孩子透過觀察外觀來預測這本書的內容是什麼。孩子將他們選擇的水果內部記在日誌裡，老師要在這週跟孩子一起瀏覽這本書（例如：團體時間時）。

- **3月25日**：在前幾週，孩子已享受使用他們的耳朵去「聽」水果的樂趣。當老師提到有人可以真的聆聽一顆椰子，孩子要求也想要有探索一顆椰子的機會，因此我們將對椰子的外觀進行觀察。我們給每個孩子一張代表一種感官（例如：眼睛、耳朵、鼻子、皮膚）的照片，並要孩子只使用那項感官去觀察椰子。這些觀察都被記錄下來，並進行關於椰子內部的預測。內部的「汁液」看起來像什麼，以及諸如此類等等？椰子被敲開，然後觀察其內部。幾個自願的孩子品嚐了椰子，他們的觀察被記錄下來（見圖 4.3），也完成了日誌紀錄（見活動 4.2）。

附註：注意到在較年幼孩子班級中的教師跟孩子正在進行許多科學活動，我們照下了那面牆。孩子在觀察鳥蛋的內部跟外部，他們預測了蛋會發生什麼事。同時，他們也種植了一株孤挺花，持續追蹤它的高度。當在較年幼孩子的教室中進行這項活動時，教師使用了整顆椰子來做為觀察跟預測之用。椰子的內部受到觀察，然後該位老師則記下每一件事。稍後她告訴我們有個學生告知她說他已經學到了（從觀看電視上的一個烹飪秀得知）那個「汁液」稱為椰子汁——如果你擠壓白色部分的話，它便只是椰漿。

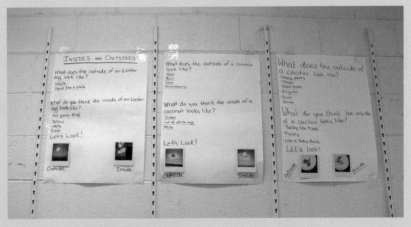

**圖 4.3　內部與外部的觀察圖表**

- **3 月 26 日**：我們已經學了許多關於種籽還有水果的事，我們知道通常種籽位於水果裡面，但是我們好奇種籽裡面會有什麼？觀察、預測，以及檢核向日葵跟南瓜的種籽，製作關於種籽的日誌紀錄。

  附註：這位教師可能想要讓她的學生分類種籽，接著把它們納入美術活動裡。另外，這個老師將在這週稍後閱讀一本我們所找到的關於南瓜生命週期的書。在較年幼班級的老師要她的學生去觀察復活節彩蛋的內部，並預測看看蛋裡頭有什麼，她製作了一張記錄著孩子的觀察並且包含照片的海報。

- **4 月 2 日**：我們跟孩子談論我們可以觀察其他人，並從他／她外在的表達來預測他／她內心感覺是什麼的概念。讓成人先扮個鬼臉，然後讓孩子觀察、預測並檢核。接著孩子嘗試透過他們的臉跟姿勢來傳遞某種情緒，不同的臉龐被繪製於日誌裡。

- **4 月 4 日**：我們回顧關於使用臉部表情以及身體姿勢來預測另外一個人感覺如何的對話。接著對種籽進行了更多討論，在 Eric Carle 的《小種籽》（*The Tiny Seed*）（2005，見 Box 3.8）中閱讀有關種籽以及植物生命週期的事物。

  附註：我們要孩子將植物生命週期記在日誌裡並做討論，基本上是為了確定他們對示意圖的知識基礎率，以在相關活動完成時進行重新評估。

- **4 月 9 日**：把園藝植物以及帶有露出根的仙人掌帶進教室中，讓孩子觀察從種籽長成的園藝植物，就如同書中的花一般。記錄孩子的觀察，開始慢慢進入到沙漠植物（例如：「為什麼書裡的種籽沒辦法在沙漠成長？」）。

  附註：有幼兒指出仙人掌生長於沙漠中，而另一個幼兒斷定仙人掌並非植物，感覺上像是他們讀過教案一般！我們決定藉著觀察仙人掌來探索這個問題，以判定它是否跟園藝植物一樣有著相同的部分。我們進行了觀察並做記錄，接著我們注意到它們都有根，有個幼兒宣稱仙人掌有莖——只不過它是很肥的莖。我們讀了一本證實他的想法並告訴我們仙人掌的針狀部分或是刺其實是一種葉子的書。鑑於這項資訊，每個人都同意仙人掌是植物。孩子要求我們切開仙人掌，我們承諾明天會做這件事情。我們將植物的外觀記在日誌裡，這個文字紀錄充滿了精彩的討論，並且因為幼兒之間辯論關於仙人掌上的針狀物是像荊棘叢的刺，或是像

聖誕樹上的針狀部分而更顯出色。超棒的資料！

- 4 月 10 日：回顧預測。切開仙人掌，記錄觀察，將觀察記在日誌裡（見圖 4.4）。

  附註：老師告訴我們有個幼兒的家長曾經要求我們一定要拍下仙人掌內部的照片，因為她一整晚都在講這件事。助理老師帶給孩子一些海洋的東西，包括鱟、魟魚蛋液囊，以及蛾螺蛋液囊。有幼兒建議我們應該「觀察」後者的內部有什麼，這是個他之前曾經使用過的詞彙。我們這樣做了，然後在那個蛋液囊中找到微小的蛾螺；然而，魟魚液囊則讓我們失望了。海洋對孩子來說是一個極有興趣的主題，他們許多人在紐澤西海岸消磨夏日時光。

- 4 月 16 日：回顧字彙以及所有我們已經探索過的物件（非常巧地，當我們進教室時孩子們正在討論「記憶」這件事）。我們也想讓孩子去思考動物的內部跟外部。雖然我們通常設計讓孩子能工作跟思考在他們當前環境中事物的 PrePS 活動，但這些孩子展現對沙漠的極大興趣，因而

圖 4.4　將我們在仙人掌內部裡所觀察到的東西記在日誌裡

我們以仙人掌探索為基礎來討論「住在沙漠中的一種動物」。利用照片觀察駱駝的外部，將觀察記錄下來。討論駝峰，預測駱駝的駝峰裡有什麼，把預測記錄下來。同時，討論一隻駱駝能有幾個駝峰。「真的」駱駝有一或兩個，但是「我們想像中或是 Dr. Seuss 書中的駱駝」能有更多個。討論我們能如何檢核關於駝峰的預測，有個幼兒說：「我們不能把牠切開！這樣地毯上會到處都是血！」然後另一個孩子幫腔說道：「還有食物！」（這些評論符合他們「在駝峰裡的東西」的預測。）我們得使用書本或是網路來研究問題，我們將我們對駱駝內部的觀察記在日誌中。

- **4 月 17 日**：回顧一個及兩個駝峰的駱駝名稱。這並非原先的計畫，但是某個幼兒稱雙峰駱駝為「火車」（train）駱駝，因此我們想在這個字詞上多下點功夫。我們告訴孩子：「B 有兩個凸起來的地方，就像雙峰駱駝（Bactrian）的 B 一樣。」回顧駝峰的預測，閱讀 Ruiz 的 "*Animal on the Inside*"（1995；見 Box 3.7）來檢核我們的預測。觀察駱駝內部的圖畫，討論駝峰的裡面是脂肪，它在駱駝吃跟喝東西時貯存起來；當牠們在沒有食物跟水源行動時，這些脂肪就能用來當作能量，就像我們身體裡的一樣。

附註：我們比較有大駝峰的駱駝與沒有大駝峰的駱駝的照片，哪隻駱駝已經很長一段時間都沒吃東西了？有個幼兒彎曲他的身體然後說他有一個駝峰，因此在他吃東西時我們把他的襯衫拉起來以製造一個大駝峰，然後在他不能吃東西時把他的襯衫放低，諸如此類等等。

兩個大學部田野研究的學生詢問了關於這個課程的事，提供了有洞見的評論，並且展現了跟我們共事的興趣。另一個學生曾提過這週孩子很喜歡他們讀預測給他們聽（特別是在午餐的時候）。我們順道拜訪了較年幼的孩子，以拍下他們的仙人掌圖表。該老師給我們看一本他們所製作關於栽種紅蘿蔔種籽的書，預測日數直到發芽為止。她在先前就借了 "*Fruit*"（De Bourgoing, 1991）跟 "*Vegetables in the Garden*"（De Bourgoing, 1994；見 Box 3.8）這些書，並說孩子愛極了它們。他們也享受了一場關於種籽位在包括草跟胡蘿蔔等不同東西的何處的辯論之樂（很難的項目啊！），他們的想法記錄於他們的教室紀錄簿（class book）中。

　　你可以從這一個活動往不同的方向前進，舉例來說，你可以探究這些東西生長跟改變的方式，或者生物跟無生物有什麼不同。對機器內部跟外部的探究讓孩子可以拆解如打字機、電話跟發條玩具等物品以探究它們到底如何運轉。這些動手做的探索可能通向不同種類物品內部有什麼讓它們能運轉跟移動的東西的討論，讓學習能最大化的關鍵在於讓經驗能以概念互相連接以及透過進行科學實踐。

## 相關的焦點

　　另一個教學團隊將對蘋果的焦點連結到一個對堅果以及另一個對人類的焦點上，這些不同的焦點以參與科學實踐及討論特定物品的內部和外部之間差異的機會相互連結，探索不同的東西（蘋果之外）提供了更多思考及使用這些想法跟技巧的經驗。它也提供了在類別之間進行比較，以找出蘋果、堅果和人類間相似處與相異處的機會。一個在這些焦點之間的連繫和每個物體的外在覆蓋物有關，因為人類皮膚跟堅果殼有著相似的顏色，老師認為這兩個焦點可以提供一個探索外在覆蓋物以及強調它們儘管顏色不同，但功能相似的管道。孩子的學習經由思考非常不同種類物體的內部跟外部、在類別之內與之間進行比較跟對照，以及深入思索某些共同的特徵（例如：皮膚、果皮，以及橫跨生物物種的貝殼的功能）等等機會獲得增進。

　　在他們探索的尾聲，老師們決定以文氏圖（Venn diagram）（即交叉相疊的圓圈）再現孩子的觀察。他們在圖表的一側列出孩子對堅果殼特徵的描述，另一側是人類皮膚的特徵描述，孩子使用這些列表來找出該增加到中間共享區域的相似處（見圖 4.5）。這個特徵的視覺表徵幫助了回顧與鞏固孩子對這兩種「外表」間的相似處，以及其各自獨特特徵的理解。有些老師不太確定這種表徵能否被三歲和四歲的孩子理解，然而，這項經驗之所以成功是因為老師們讓孩子去探索這兩種東西，進行觀察，以及以一項熟悉的科學實踐（記錄他們的觀察）為基礎來介紹這項新的表徵方式的緣故（見圖 4.6）。

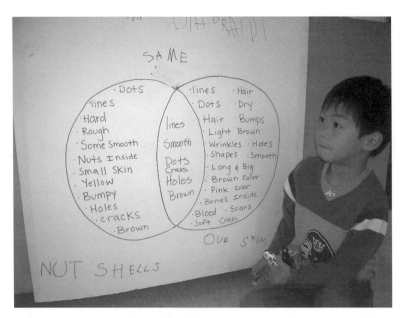

圖 4.5　比較以及對照堅果跟皮膚

圖 4.6　觀察皮膚

　　選擇堅果[1]做為一個重點有另外兩個原因。第一，其中一位老師曾在其他學校跟幼兒們一起探索過堅果，然後發現孩子對它們很感興趣。第二，這些老師想要開始一個可以讓他們以一種有意義的方式來向學生介紹科學工具的探索。這項探索讓孩子使用各種科學工具，包括放大鏡、量杯、鑷子、量尺跟天秤。他們也可以使用錘子、槌子跟堅果鉗去打開堅果（見圖 4.7）以及用研缽、碾槌跟研磨的器具去做堅果醬。注意，這些以目的為基礎的工具使用經驗正好可以用來展示「形」跟「功能」的核心概念。因為科學概念是充分相互聯繫的，你會發現這些重要的想法開始形成──即使它們並不是你要探索的核心概念──提供孩子更多經驗去連結新的內容。

　　將焦點放在堅果的活動清楚地支持了觀察、預測，以及檢核等等的科學實踐，比較以及對照良好地被統整在一起；孩子們花了很多時間討論不同堅果之間在顏色、形狀、質地及大小等等的相似性跟相異性。當幼兒開始比較堅果跟他們自己以及他們朋友皮膚的顏色時，這個文氏圖展示了人類皮膚以及堅果殼間共有與獨特的特色，並透過視覺表徵表現了這兩種覆蓋物之間的相同處與相異處，也讓孩子認識了一種他們會在之後的學年學到的表徵工具。藉由以特定面向分類堅果的機會，孩子的數學技巧得以增進。孩子們也使用工具去秤重以及測量堅果的長度以進行種類之間的比較。

　　這些科學實踐包含了言談、語言，而且這一系列的探索也充分支持了字彙的使用。當孩子觀察跟研究核桃的內部跟外部時，他們使用許多帶有意義的單字，並在多種的脈絡（context）中使用它們，一些用來討論以及描述核桃本身的字彙包含了：果殼、裂開、滾動、樹、尺寸、多的、少的、大的、小的、形狀、圓的、橢圓形的、質地、凹凸不平的、平滑的；其他描述過程的語詞則有：測量、倒入以及分類。一些工具跟核桃的名稱

---

[1] 這個教室中沒有任何孩子對堅果過敏。務必要對任何涉及品嚐或是觸摸食物的活動謹慎小心。

圖 4.7　堅果裡面有什麼？

也介紹給孩子認識，像是：槌子、研磨器（grinder）、杏仁、腰果，以及榛果。這些字彙張貼在顯眼之處，所以家長可以看到它們並在家中與孩子一起使用它們。孩子學習一長串專門的名稱並不重要，然而，當這些字彙是進展中探索的一部分，孩子可能學到這些字彙並且適切地使用它們。證

據顯示,在家中接觸到較少使用的字彙與一般性字彙習得有相關(Hart & Risley, 1995),這轉而連接到閱讀成就上(Dickinson, 2001; Strickland & Riley-Ayers, 2006)。老師在教室裡也增加了一些書籍來促進幼兒對核桃的探索(見 Box 4.3)。

## 相關的主題內容

許多老師已經開始使用全面的主題課程,對在學年之初進行秋天主題的老師來說,探索蘋果是很受歡迎的,而且它可以延伸其他與秋天相關的事物——例如南瓜。藉由提供孩子練習使用「觀察—預測—檢核」序列的機會,可以增進幼兒對這些物件的探索,其他的科學實踐也同時可以交織入教室活動中。Box 4.4 呈現來自我們一位首次整合 PrePS 到學校課程中

### Box 4.3
### 在研究核桃時可用的書籍

Aardema, V., & Cepeda, J. (2002). *Koi and the kola nuts.* New York: Simon & Schuster Children's Publishing.

Burns, D.L., & McGee, J.F. (1996). *Berries, nuts, and seeds.* Minnetonka, MN: NorthWood Press.

Coats, L.J. (1991). *The almond orchard.* New York: Simon & Schuster Children's Publishing.

Earle, O.L. (1975). *Nuts.* New York: Morrow.

Ehlert, L. (2004). *Nuts to you.* New York: Harcourt.

Poole, G.J. (1974). *Nuts from the forest, orchard, and field.* New York: Dodd, Mead.

White, K., & Cabban, V. (2004). *The nutty nut chase.* Intercourse, PA: Good Books.

的搭擋教師所設計且執行的一些學習經驗中的亮點[2]，它們說明了 PrePS 如何透過納入關鍵的科學實踐——包含那些與高層次思維能力、數學，以及語文（literacy）相關的部分來加強主題式的探索。這些活動有幾個值得令人注意的原因，首先，它們來自於一個對這個課程完全沒有經驗的老師（她並沒有參訪已經使用 PrePS 的學校）所帶領的第一個 PrePS 教室。雖然研究團隊提供了協助，但這個老師擔負了主要的責任，而研究者則極少引導學習活動。除此之外，這個學校為為數眾多的西語家庭服務，這記錄了 PrePS 用於主要英語學習者班級的首航。

---

### Box 4.4
### 幼兒園課程計畫使用 PrePS 來增強主題課程的重點

- 介紹「觀察」這個字。「我觀察到你穿了一件藍色的褲子。我觀察到我們的教室非常安靜。」你覺得「觀察」是什麼意思呢？

- 在開始進行蘋果活動前，**提供使用各個感官的經驗**。為了獲得幼兒基準知識的大致情況，老師繪製一些關於各種感官的圖片（例如：耳朵提供聽覺、舌頭提供味覺），然後要孩子去描述如何使用各種感官。

- 進行一或兩天**聚焦於各個感官的活動**。為了讓孩子思考耳朵跟聽覺的關係，於是幫每個孩子矇上眼睛，演奏一個樂器並要他們指出他們聽到的是什麼。為了探索皮膚跟觸覺的關係，讓他們觸摸教室中的物品〔例如：玩偶、鬃塊積木（bristle blocks）、塑膠公仔〕，並要他們去描述感覺。使用柔軟、光滑、堅硬、粗糙，以及凹凸不平等字彙。

---

[2] Ines Louro 在當時跟我們一起合作，她在 New Brunswick，New Jersey 的 Livingston Avenue Child Development Center 教學。她現在是 Perth Amboy（New Jersey）學區的語言矯正師。

- 在大團體教學時間**開始進行蘋果觀察**活動（見活動 3.1）。
- 在小組教學時間**介紹使用科學日誌**。「科學日誌是科學家有所發現時拿來使用的東西，然後也用來記錄、書寫，以及繪製資訊。我們的日誌會在進行觀察時使用。」讓每個幼兒選擇一本日誌並裝飾封面，以讓孩子能識別出他們的日誌。在日誌記錄之後，協助幼兒聚焦於科學日誌記錄的目的（而非創意繪圖）。藉由特別指出圖畫的顏色及詢問幼兒所觀察的蘋果是否跟放在桌上的蘋果一樣來進行，它們一樣／不一樣的地方是什麼？
- **開始進行預測蘋果活動**（見活動 3.2）。在大團體教學時間討論前一天所做的觀察。「大家記得我們昨天觀察了什麼嗎？我們昨天對蘋果做的觀察有些什麼？今天我們要預測蘋果裡面有什麼，你知道『預測』是什麼意思嗎？它跟猜測（guessing）很像，我們已經知道一些關於蘋果的事情，現在我們要想一想及討論蘋果裡面可能有什麼。」將幼兒的回答記錄在大張紙張上，在小組活動時間中，回顧每個孩子的預測，利用這個機會來修飾一些屬於「不是那麼好」的猜測的預測（例如：有大隻的動物在蘋果裡頭）。讓幼兒觀察蘋果的大小然後問他們：「（幼兒的猜測）有可能待在蘋果裡頭嗎？」此外，要幼兒去想想他們先前相關的經驗：「當你吃蘋果的時候，裡面有些什麼？」讓幼兒畫下他們的預測並解釋自己的圖畫，將他們的描述寫下來。當他們完成之後，詢問幼兒可以如何弄清楚蘋果裡面有什麼，「我們需要做些什麼事來檢核我們的預測？」
- **聞一聞蘋果：比較蘋果跟其他水果**。討論來自前兩天的活動：「在週一的時候，我們用感官觀察蘋果，星期二時我們預測了蘋果裡面可能有什麼。」今天我們要探索蘋果聞起來是什麼味道。使用香蕉或是橘子切片以及一片蘋果，幫幼兒矇上眼睛，並問他們是否能在只使用他們的嗅覺下分辨哪一片是蘋果（見圖 4.8）。

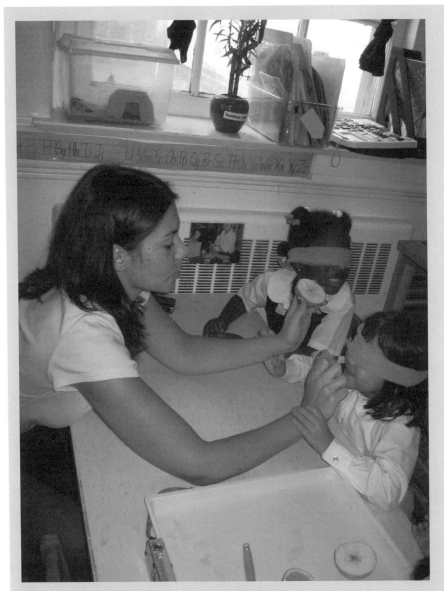

圖 4.8　你在觀察的是什麼？是蘋果還是橘子？

• 使用味覺去探索蘋果。嚐嚐三種不同種類的蘋果，將幼兒對每一種蘋果的觀察記錄下來，接著問他們：「你最喜歡哪一種蘋果？」並把答案記

錄下來（見圖 4.9 與活動 4.1）。唱 "I See Apples"（Jordano & Callella, 1998）這首歌，每種顏色（紅色、黃色、綠色）則以練習韻腳跟音素（phoneme）混合的方式來呈現。

| 加拉蘋果（Gala Apple） | 史密斯蘋果（Granny Smith） | 金冠蘋果（Golden Delicious） |
| --- | --- | --- |
| 這種蘋果嚐起來如何呢？ | 這種蘋果嚐起來如何呢？ | 這種蘋果嚐起來如何呢？ |
| D：甜甜的 | D：吃起來像草，很酸 | D：它們比加拉好吃 |
| C：果汁 | C：它酸酸的 | C：酸酸的 |
| K：很多汁 | B：比較酸 | B：酸酸的 |
| B：它甜甜的 | K：吃起來很酸 | K：酸酸的，而且吃起來有 |
| K：它很多汁 | K：它是多汁的酸甜 | 點酸 |
| W：吃起來像蘋果 | T：它酸酸的 | K：吃起來酸酸的 |
| J：像蘋果一樣 | W：藍莓 | G：吃起來像蘋果，很多汁 |
| Y：像是水果 | J：酸酸的 | W：像棒棒糖的，紫色的 |
| S：吃起來酸酸的 | G：酸酸的 | J：像棒棒糖，甜甜的 |
| B：很多汁 | Y：像棒棒糖，綠色的棒棒糖 | Y：它吃起來像西瓜 |
| | S：它酸酸的 | T：像糖果，像棒棒糖，酸 |
| | | 酸的 |
| | | B：很多汁 |
| | | S：酸酸的 |

圖 4.9　記錄蘋果品嚐活動

- **使用蘋果介紹天秤**。介紹天秤,以搭擋方式來進行工作,讓幼兒使用蘋果與砝碼來探索刻度的移動,接著聚焦於孩子的經驗。示範如何將砝碼與蘋果各放在天秤的一端來達到平衡,「注意看天秤如何往上與往下,當這一端往下觸及地面而另一端往上揚,這代表什麼意思?」讓幼兒把調查記錄在他們的日誌裡面(見圖 4.10)。
- **閱讀** "*Five Red Apples*"(fingerplay by Kristen VanValkenberg, in Jordano & Callella, 1998)。讓孩子在手部動作上獲得助益。
- **比較與對照:梨子和蘋果**。要求幼兒指出水果切片(梨子),要幼兒告訴你他們對這個水果的觀察是什麼,把這些觀察記錄在日誌中,同時也把梨子裡有些什麼的預測記錄下來。如果需要的話,在幼兒預測時提醒他們想一想關於蘋果的經驗:「梨子會跟蘋果一樣嗎?為什麼你會覺得是這樣?什麼東西會是一樣的?什麼可能會是不一樣的?」在當天稍晚的時候(或者隔天)檢核這些預測。

圖 4.10 記錄我們對天秤的發現

- **實驗**。「昨天我們使用感官來觀察梨子，大家記得我們觀察到什麼嗎？今天我們要再一次觀察蘋果跟梨子，我們要削掉梨子皮然後切開它們，就像我們昨天做的事情一樣。我們學到在切開蘋果跟梨子之後它們發生了什麼事？答對了，它們會變黃。今天我們要觀察看看如果我們把蘋果和梨子放進清水，或是放進加了檸檬汁的水後會發生什麼事。你們覺得我們不管的那一些會變黃嗎？為什麼你這樣覺得？在清水中的會變黃嗎？在加了檸檬汁的水裡呢？」使用孩子的科學日誌，讓孩子討論並記錄他們對出現在蘋果和梨子上的變化的觀察。有沒有任何蘋果跟梨子保持原樣？是哪一些？有任何蘋果跟梨子變黃嗎？是哪一些？

- **製作蘋果醬**（來自我們去果園戶外參觀時所撿拾的蘋果）。估計看看盒子裡面有多少顆蘋果，我們要怎麼確認呢？用數數的方式來檢核盒子裡面的蘋果數目。食譜上說需要兩磅的蘋果，「我們該如何測量出兩磅的蘋果呢？」用秤來秤出製作蘋果醬所需的蘋果重量，幫蘋果削皮並清除果核。「我們準備來煮蘋果，我們會加熱它們，你預測蘋果會發生什麼事？」烹煮蘋果來檢核這些預測（並且製作蘋果醬）。

- **開始南瓜探索**。首先，觀察南瓜，讓幼兒指認南瓜並且說出他們知道南瓜哪些事情，鼓勵他們使用他們的觀察技巧。在日誌記錄時，鼓勵孩子在記錄他們的觀察前去端詳南瓜的顏色和形狀，在孩子描述他們所察覺到的南瓜特定細節時，詢問他們覺得可以如何畫下它們。

- **進行南瓜內部的預測**。討論前一天所做的觀察，「你們記得昨天觀察什麼嗎？我們觀察了南瓜些什麼？來看看我們的圖表吧！今天我們要來預測南瓜裡面有什麼。」將孩子的答案記錄在圖紙上。

- **檢查南瓜的裡面有什麼**。讓孩子將他們的觀察記錄在他們的日誌裡面（見圖 4.11）。

- **進行南瓜秤重**。持續提供使用磅秤的經驗，讓幼兒選出他們認為最大及最重的南瓜，接著選出最小及最輕的南瓜。「我們可以怎麼查證？」將磅秤拿出來並為幼兒選出的最大跟最小的南瓜秤重。你們覺得其他南瓜可能比這個小南瓜的重量還要輕嗎？我們可以怎麼查證？用大小及重量繼續探討較多與較少的概念，使用大量比較式的表達方式（雖然大小跟重量不會總是彼此相關，因為不同物件有不同的密度。但因為我們一直使用南瓜這個相同的東西，大小跟重量之間的連結便很強）。

圖 4.11　南瓜探索

在小組活動中，持續進行數學推理活動。將南瓜的大小連結到它的重量上，幫一個大南瓜（九至十磅）秤重，然後幫一個小南瓜（兩磅）秤重，讓幼兒預測一個中型的南瓜會有多重，視需求修飾他們的答案。舉例來說，如果有幼兒說中型的南瓜有一磅重，回顧一下南瓜的大小順序：「最小的南瓜在哪？最大的南瓜在哪？這一個呢？對了，它在中間，現在我們來看看，最小的南瓜重兩磅，最大的南瓜重十磅，你預測這個中型南瓜會重一磅，那就比最小的南瓜還輕了，你覺得這一個（中型南瓜）比這一個（小南瓜）輕嗎？」在孩子回答之後，「讓我們來檢核你的預測吧！我們來查清楚這一個到底多重。」

　　Box 4.4 呈現了來自該教師描述與記錄她與一個幼兒園班級進行的教案亮點，仔細閱讀這些描述跟紀錄，你將發現科學實踐被納入在這些活動的每一處。這位老師成功地將 PrePS 取向的重要面向整合入她的教學中，然而，隨著我們開始向更多老師介紹 PrePS，變得清楚的是，並非每位教師都能不費力地採用此取向。為此，我們發展了科學操作計畫網格（見圖3.12），以及提供教師完整的實例來說明典型的 PrePS 學習經驗跟每一項所達成的特定目標，在此呈現。

## 聚焦於個別感官

　　在使用蘋果來介紹觀察、預測及檢核之後，一個合適的連結是開始感官的深度探索，藉由聚焦於各種感官及其能提供給我們的特定資訊，形式與功能的核心概念以獲得探索。我們已經使用這個記錄著孩子學習的成功結果的取向（見第五章），Box 4.5 描述了一個建議的活動序列，它從基礎的活動建立，進而進入對感官功能的探索，最後納入一些延伸這些感官的科學工具。這系列結合了來自我們教室的成功學習活動，以及一些由 Christine Massey 及 Zipora Roth（2004）[3] 所設計的活動。

---

[3] Massey 及 Roth（2004）已經發表了一個完全經田野測試的 K-1 科學課程，*Science for Developing Minds*。近年來，Gelman 及 Brenneman 已跟 Massey 還有 Roth 合作來設計與實行概念上連結的科學經驗及評量學習，在 Box 4.5 中描述的活動發展自這項研究幼兒的合作。

## Box 4.5
## 探索我們的感官

- 使用感官觀察蘋果（見活動 3.1）

- 預測跟檢核：蘋果裡面有什麼？（見活動 3.2）

- 比較跟對照蘋果的品種（見活動 4.1）

- **更多觀察、預測以及檢核的機會。** 如果你覺得幼兒可能受益於更多練習新字彙與程序的機會，請隨你的需求使用不同物體來重複這些活動。這個活動的轉折是讓幼兒觀察真實的水果與蔬菜，以及便宜的模型（來自折扣商店），接著比較跟對照它們，這突顯了構成物體物質的相異點。當這項特色是兩個物體之間的關鍵區辨特色時，孩子真的相當擅長注意它。

- 使用所有感官觀察一顆椰子（見活動 4.2）

- **聲音配對**（見活動 4.3）

- **觸摸與溫度。** 在這個活動中，展示三個看似相同的物件（兩個裝有溫水而一個裝著冷水的密封容器，或是兩個加熱的治療墊跟一個冷的治療墊），孩子被告知它們其中一個不同於另外兩個，然後他們的工作是去確認哪一個是不同的，讓孩子建議並測試他們的想法。務必要將他們對溫度差異的發現與他們的皮膚相連結，我們的皮膚是一個讓我們在東西是熱或冷時用來感覺的工具（見 Box 4.1）。

- **味覺。** 拿出兩個裝有蘋果醬的碗給孩子看（天然的蘋果醬與加糖的蘋果醬），並要孩子去比較這兩碗（以及它們裡面的蘋果醬）看起來、聞起來、感覺起來以及重量如何。它們似乎一樣，但是我們還沒有利用我們的味覺來探索它們。每個孩子都有機會去嚐嚐這些蘋果醬，並對此經驗進行觀察。另一種看起來相似但是嚐起來不同的食品是乳酪，孩子可以嚐嚐它然後接著以圖表排行他們的偏好，就像在活動 4.1 中對蘋果所做的活動一樣。

- **嗅覺**。做一個大的彩色捏麵團（playdough），將麵團分成兩半並在每一半中加入不同種類的香料（薄荷跟檸檬效果不錯）。把麵團放在夾鍊袋中以便讓幼兒能觀看、搖動，並觸摸它，注意，這兩個袋子在所有特色上都是相同的。某個孩子會建議聞一聞（或者如果有需要的話，老師可以這樣建議），這個「聞麵團」活動在遊戲時間也很受歡迎。另一個活動包括讓孩子去觀察、預測，以及檢核他們預測的嗅覺瓶（smell jars）。讓孩子去聞帶有特殊氣味的物件（例如：肥皂、咖啡豆、柳橙切片、巧克力），但是不能看，並要求他們去預測自己在聞什麼。你可以寫下他們的想法，或者，如果你想要加上日誌的話，提供一些可能的物件例子讓孩子去觀看，要他們去選擇哪個是他們聞到的物件並把他們的預測畫在日誌裡面，接著展示這些物件讓他們用眼睛來檢核這些預測。

- **視覺**。視覺是唯一我們可以透過它來察覺顏色的管道。這個活動包含了把物件藏在一個棕色的紙袋裡，接著要幼兒判斷裡面物件的顏色。也可使用形狀相同但有多種顏色的物件（例如：木製積木、蠟筆），將其中一個藏在袋子裡，接著將這個物件的全系列色彩以及第二種物件的一系列顏色展示於一個托盤上，請孩子去感覺袋子裡頭是什麼，它是哪種東西（例如：蠟筆或是積木）？他是怎麼知道的？（該幼兒應能描述形狀或是老師可協助他如此做。）一旦我們因為觸摸而知道它是哪種物品，則下一個問題會是：它是什麼顏色？幼兒（以及大人！）通常對於承認他們不確定某事的這件事有困難，但是這個活動讓經由觸摸物體就能感知其形狀跟質地的這件事變得清楚，而要知道某個東西是什麼顏色的話，我們就需要用到眼睛了。

- **使用科學工具來延伸感官／感覺：放大鏡**（見 Box 3.3）

- **肌肉與重量**。Massey 及 Roth（2004）的活動系列納入了五種感官之外包含肌肉／感覺重量的學習活動。為了引發關於肌肉如何幫助我們感覺重量的討論，我們利用三個外觀一樣的箱子（兩個只裝報紙而一個則充滿紙張跟沉重的書本），一個箱子與其他兩個不同，我們可以找出哪一個是不同的嗎？怎麼做？而後續活動，你可以藉著用黏土或是空無一物來填裝相同的不透光容器以供給孩子觀察更多微細差異的機會。這個活動也讓孩子利用感覺重量而非視覺（例如：就像杯子裡的果汁）去思考

滿的與空的這些概念跟詞彙來做出判斷。
● 使用科學工具來延伸感官／感覺：天秤（見活動 4.4）

　　活動 4.1 至 4.4 的某些例子有更詳細的描述，它們同樣包含科學操作計畫網格。這些網格提供關於該活動學習目標、需要的材料以及步驟等細節，這些活動系列是彈性的，讓教師在延伸之前能提供更多帶有特定技能或概念的經驗，這也是我們之所以提供某些選擇性活動的緣故。有一些學習經驗應該要延續一天以上的時間，教師可以根據他們對幼兒的認識以及教室課程表（即半天對全天）來辨認停止點。一如既往地，花點時間讓孩子真正探索材料以及討論想法，因為這比在事先預設的時間內完成這些活動要來得重要。

　　我們因為數項原因發展了這三個延伸的例子：

● 闡明我們已經使用 PrePS 來將科學焦點帶進教室的方式。
● 提供一些你可能使用的例子，如書面或是當作一個形成你自己的活動的起始點。
● 示範 PrePS 是取決於教師、課程以及參與其中的學習者而在不同方式中展開——一件該被預期跟鼓勵的事。

# 該是探索……以及探索更多的時候了

　　雖然孩子天生會探索及想要瞭解周遭的世界，科學式地思考與工作對他們來說卻是一個新的經驗，他們需要時間去發展與練習這些技能，因為真正地探索一個概念需要花費時間。PrePS 教師提供允許幼兒去思考一個大的科學點子並練習合乎科學思考技巧的大量學習經驗，教師也提供幼兒去探索跟工作的充裕時間，這是 PrePS 的一個重要特色；不同年紀的學習

者需要時間跟多重機會去鍛鍊和練習新技巧與想法。儘管幼兒以短時間注意力聞名，但我們已經發現當幼兒真正對一個活動感興趣時，他們可以並真的花上大量時間專注、探索與學習。

當 PrePS 老師提供這樣的時間，孩子通常以極為投入於科學活動與研究來做為回應。然而（見 Box 4.6）他們參與的確切本質可能並非剛好是教師所預期的，一個關於此的最早例子是我們跟孩子介紹日期戳章。我們發現在孩子準備好按預期的方式來使用印章之前，他們需要用他們自己的方式（開心地連續不斷在日誌頁面上、他們的手上，以及偶爾在彼此身上蓋章）來探索。一旦測量跟觀察工具變成教室環境中一個熟悉跟固定的部分時，幼兒才較可能適當地使用這些工具。沒有老師能對孩子探索新材料的所有方式做好萬全的準備，反之，試著欣賞孩子在準備好繼續你計畫好的活動前，他們對熟悉這些新工具以及探索它們的可能性的渴望。如果可能，讓材料隨手可得，如此幼兒在自由時間時可做進一步的探究，那麼孩子便有機會重複一項活動──如果他們想要的話。就像重讀一個故事一樣，「重複」提供了練習新知識、探索新想法，以及獲取更多資訊的機會。

**Box 4.6**
**非預期的方向**

　　一個 PrePS 教室在研究可逆變化，例如融化與結冰。該位老師介紹了一個關於冰的實驗，然後要幼兒預測冰會在陽光下還是陰涼處下較快融化。在洛杉磯的某個熱天，這些孩子對探索冰會如何在他們的嘴裡與皮膚上融化的這件事比較感興趣，這位老師對孩子們遊戲與探究的需求很敏感，因此她鼓勵他們去這樣做。最後，孩子結束了他們的戲水遊戲並渴望參與規劃好的實驗。事實上，這些孩子是如此投入，因而他們擴展了他們的研究並納入不同類型的碗（例如：金屬、塑膠）以判定是否這項因素影響了融化。

　　PrePS 課程著重於重複提供基本概念實例的必要，以及在發展批判性思考與技能時練習的重要性，這種重複幫助孩子掌握概念並應用新知識到相關的活動或問題上。PrePS 架構提供了一個科學活動的結構，讓每個活動既能建立在先前的活動上，又為接下來的活動奠定基礎。當孩子在探索中領頭，這顯示了他們正在以科學性的方式思考，並且建立概念上的連結。

概念／焦點：
形式與功能／感官

**活動 4.1**

# 探索感官的功能

## 用蘋果來比較跟對照

　　這項活動讓孩子得以藉由延伸活動 3.1 及 3.2 來持續進行仔細的觀察。孩子將參與一場品嚐大會，以便他們可以對蘋果進行各種不同的觀察，他們也能經由描述兩種蘋果哪些部分是一樣與哪些部分是相異的來練習對兩個物體的比較跟對照。

### 材料

- 至少兩種在顏色、形狀以及／或是大小上不同的蘋果；使用你在活動 3.1 中所用的同一種蘋果（例如五爪蘋果）以及一種嚐起來非常不一樣的蘋果（例如史密斯蘋果或是另一種酸的品種）
- 刀子跟砧板
- 盛放切片蘋果的碗或盤子
- 放置圖表的海報展示架

### 步驟

　　在課前，製作兩張有著五爪蘋果（或是第一種蘋果）的照片或圖畫在一側，然後史密斯蘋果（或是第二種蘋果）的照片或圖片在另一側的圖表。在其中一張圖表上描摹來自活動 3.1 中孩子們對紅蘋果外部的觀察，用這張圖表回顧孩子觀察到蘋果些什麼（你稍後將使用第二張圖表）。接著介紹第二種蘋果，要孩子也去觀察這顆蘋果，將他們對這顆蘋果的觀察

記錄在它的照片底下（學習不同品種蘋果的名字比起對照和比較它們的

第二頁

**活動 4.1**

特徵來得較不重要，雖然你可以教孩子它們的名字——如果你想這樣做的話）。

　　如果孩子們是專注的，往下繼續關於這兩顆蘋果有哪些相同點以及有哪些相異處的討論（不然就等到另一次的團討時間）。最終，孩子們會非常擅長於此——尤其是列出相異處——但是在這個首要活動中，你應該引導討論。你可能藉著說某個這些蘋果都相同的部分來開始（例如：「我觀察到它們在外部都有果皮」），接著說它們在許多方面也都不一樣，詢問孩子關於這兩顆蘋果的顏色：它們一樣還是不一樣？以這種方式繼續進行。如果孩子做出對這兩個蘋果相同的觀察（寫在圖表上），務必要指出這一點（例如：「喔！我在我們的圖表上看見 José 注意到紅蘋果有個蘋果梗，Sara 觀察到綠蘋果也有蘋果梗，那是某個這些蘋果都相同的東西，它們都有蘋果梗。」）。

　　最後，要學生回顧他們在紅蘋果的內部觀察到什麼。他們會預測綠蘋果是溼潤的嗎？有種籽嗎？看起來白白的嗎？他們應該如何檢核這些預測？把綠蘋果剖開然後比較這兩者的內部。

　　讓孩子知道他們將在點心時間吃這些蘋果，這會給他們一個使用他們的舌頭品嚐這些蘋果及進行一些關於它們的新觀察的機會。

## 點心時間

　　品嚐可以在點心時間進行。參閱觀察圖表來回顧幼兒已經用來探索蘋

果的方式（用他們的眼睛與皮膚，然後或許還有他們的肌肉跟鼻子），讓幼兒去試試看每種蘋果並描述每一種蘋果的味道（以及氣味），他們可能也想要描述咬了一口並咀嚼每顆蘋果是什麼滋味。兩種蘋果都脆脆的嗎？或許其中一種比另一種要爽脆一點？把這些觀察加進觀察圖表裡。

　　為了提供關於數學與蒐集資料的經驗，讓每個幼兒投票給他們最喜歡的蘋果，使用第二張蘋果圖表（早點準備好）來蒐集資料。讓幼兒把他們的名字寫在自己最喜愛的蘋果照片之下（或是把寫有他們名字的貼紙貼在上頭），這張圖表可以用來數算並使用比較的語言（例如：「比較多小孩喜歡紅蘋果或綠蘋果？」「James 比較喜歡哪種蘋果？」）。

此活動的選擇性延伸突顯了讀寫能力。在所有幼兒都嚐過每種蘋果並選出他們的最愛之後，他們可以寫信給父母要求他們購買最愛的那種蘋果（見圖A4.1）。你可以真的提供信函，但是幼兒要負責畫下他們最愛蘋果的圖畫。為了做到這樣，孩子必須專注且精確地記錄他們最喜愛蘋果的顏色，以便父母知道在商店裡要購買哪種蘋果。這個活動提供了精確記錄的明確目的，並協助孩子逐漸明白書寫及繪圖可以用來溝通資訊這件事。

圖 A4.1　蘋果信件的實例

*Preschool Pathways to Science (PrePS™): Facilitating Scientific Ways of Thinking, Talking, Doing, and Understanding* by Rochel Gelman, Kimberly Brenneman, Gay Macdonald & Moisés Román.
English Edition Copyright © 2010 by Paul H. Brookes Publishing Co., Inc.
正體中文版著作權 © 2014 心理出版社股份有限公司

## 科學操作計畫網格

| | |
|---|---|
| 科學操作方式  | 概念／焦點：形式與功能／感官。<br>體驗活動：介紹利用視力、觸摸以及味覺來比較跟對照蘋果。 |
| 觀察、<br>預測、<br>檢核  | 孩子將進行不同類型蘋果的焦點觀察。<br>老師將幼兒的觀察記錄於圖表上，包括對兩種蘋果的觀察。<br>在回顧他們對第一種蘋果（紅）內部觀察之後，幼兒可以預測他們會在第二種蘋果（綠）的內部找到些什麼。 |
| 比較、對照、<br>實驗  | 老師引導幼兒去注意這些蘋果如何相同與不同，相同處可能包括蘋果梗、都有果皮、內部裡面有種籽，然後內看上去都是白色的。<br>不同處可能包括果皮顏色、形狀，以及大小，但是將取決於所選擇的蘋果類型。<br>孩子將對照各種蘋果的滋味〔甜對酸對辛辣〕。 |
| 詞彙、<br>論述、<br>語言  | 孩子將在脈絡中練習使用「相同」與「不同」等字詞。<br>孩子將回顧某些描述性語詞（例如：光滑的、圓的、多汁的）以及在先前蘋果活動中所介紹的部位名稱（例如：梗、種籽）。<br>可以介紹描述味道（例如：甜、酸、辛辣）以及食物質地（例如：爽脆的、脆的、軟塌塌的）的字彙。 |
| 計數、測量<br>及數學  | 如果孩子蒐集關於班上最喜愛的蘋果的資料，投票結果可以用來計算以及比較。 |
| 記錄及建檔  | 隨著老師將孩子的想法記錄於圖表上，及使用圖表來喚起過去活動的資訊，書寫的功能將隨之被強調。<br>孩子最喜愛的蘋果的紀錄圖表介紹了在圖表上記錄數值資訊（簡單資料）的概念。<br>使用字詞跟照片來寫一封給家長「最喜愛的蘋果」的信件強調了書寫跟畫圖可以用來溝通。 |

# 探索感官的功能

# 描述椰子

　　這個活動提供幼兒更多觀察與描述物體的練習，主要概念是我們可以對同一物件或事件進行許多不同的觀察，幼兒將描述一顆椰子並練習將他們的每一項觀察連結到某個特定感官上。椰子只是一個給孩子這項機會的方式，任何涉及多重感官的物品或事件都可以拿來使用。

## 材料

- 兩顆新鮮的椰子（一顆完整的以及一顆已經敲開的）
- 用來排出椰子汁液與敲擊椰子的螺絲起子、鐵鎚，以及／或者鑽子
- 刨刀或是削皮刀
- 放置圖表的海報展示架

## 步驟

　　雖然讓孩子在你敲開椰子時觀看會是不錯的事，但是基於安全的考量，你可能會想在課前進行這件事。使用螺絲起子跟鐵鎚或鑽子在椰子底部弄出洞孔以排出裡面的椰子汁，用鐵鎚來敲擊已排出汁液的椰子。用刨刀或削皮刀將一些白色的肉從果殼移除，以便讓那些想要對椰子味道進行觀察的幼兒可以順利進行。把椰子汁留存起來以讓孩子可以看見椰子裡頭有些什麼。如果可能的話，將過程中的每一步都拍下來。

*Preschool Pathways to Science (PrePS™): Facilitating Scientific Ways of Thinking, Talking, Doing, and Understanding* by Rochel Gelman, Kimberly Brenneman, Gay Macdonald & Moisés Román.
English Edition Copyright © 2010 by Paul H. Brookes Publishing Co., Inc.
正體中文版著作權 © 2014 心理出版社股份有限公司

**活動 4.2**

　　準備一張在頂端有各種感官圖片的圖表，把孩子的觀察寫在這張圖表上。在教室裡（可能在團體時間時），幼兒輪流傳遞椰子並問他們注意到了什麼。在幼兒做出某個觀察之後（例如：「它毛毛的」），詢問他們哪種感官或是他們是用身體的哪個部位幫助他們做出那項觀察（在這一例中，皮膚與眼睛皆幫助幼兒做出「椰子是毛毛的」這項觀察）。一旦幼兒決定了哪種感官協助他們（或者如果他們無法做到的話，你可以幫助他們），在對應的感官圖片底下寫下這些觀察。

　　孩子會注意到他們聽見椰子內部有某個東西，並且應該被鼓勵去描述他們認為可能是什麼東西在裡面。把他們的預測寫下來。

　　將打開的椰子及你從其內部取出的汁液展示給幼兒看，描述你如何打開這顆椰子（使用照片），然後要幼兒進行對椰子內部的觀察：它是什麼顏色的？它感覺起來如何？它有味道嗎？少數孩子可能願意試著吃椰肉，讓他們去嚐嚐看你之前取下來的小碎塊並對班上描述他們的觀察。

　　在自由選擇時間或是小團體時間，幼兒可以把他們對椰子的觀察記錄在他們的科學日誌裡，老師也可以在這時間回顧一系列對椰子的觀察（使用在討論時所製作的圖表），並要孩子（再次）去談論哪種感官讓他們找出這顆椰子。嗯！舉例來說，「是棕色的」或是「發出聲響」或「聞起來像灰塵」。這讓老師評估幼兒對新字詞以及我們從各項感官所得到的各種資訊的理解。

*Preschool Pathways to Science (PrePS™): Facilitating Scientific Ways of Thinking, Talking, Doing, and Understanding* by Rochel Gelman, Kimberly Brenneman, Gay Macdonald & Moisés Román.
English Edition Copyright © 2010 by Paul H. Brookes Publishing Co., Inc.
正體中文版著作權 © 2014 心理出版社股份有限公司

## 科學操作計畫網格

| | |
|---|---|
| 科學操作方式  | 概念／焦點：形式與功能／感官。<br>體驗活動：觀察一顆椰子。 |
| 觀察、<br>預測、<br>檢核  | 這個活動讓幼兒使用多重感官進行對同一個物體的觀察。<br>讓幼兒有機會預測椰子內部有些什麼，以及它看起來與感覺起來如何，他們將藉著觀察由老師打開的椰子來檢核他們的預測。 |
| 比較、對照、<br>實驗 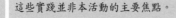 | 這些實踐並非本活動的主要焦點。 |
| 詞彙、<br>論述、<br>語言  | 幼兒跟教師會使用多樣的字彙去描述他們對椰子的觀察。<br>在過去，有些孩子已經自發地使用明喻描述椰子的氣味（像草一樣、好像灰塵）和外表（毛毛的像一隻獅子）。老師可以鼓勵孩子使用更多這一類的描述性語言（例如：「Luis 注意到椰子有些氣味，這種氣味讓你想到任何你曾經聞過的東西嗎？」），也可以進行示範（例如：「Samiya 注意到椰子對她的皮膚來說是粗粗的感覺，我也注意到那樣的狀況了，那讓我想起樹皮。」）。 |
| 計數、測量<br>及數學  | 這些實踐並非本活動的主要焦點；然而，椰子敲開步驟的照片可以用在一個按序安排的活動。利用這些照片，老師可以要幼兒去選擇跟描述哪張照片最先出現？什麼接著發生？當我們完成敲擊這顆椰子時，它看起來像什麼？ |
| 記錄及建檔  | 老師將幼兒對椰子的觀察記錄在一張圖表上，也可以記錄幼兒對椰子內部的預測，這張圖表可以在小團體時間以及／或是下一次團體時間拿來回顧字彙。<br>幼兒可以在他們的科學日誌中記錄他們對椰子的觀察。 |

*Preschool Pathways to Science (PrePS™): Facilitating Scientific Ways of Thinking, Talking, Doing, and Understanding* by Rochel Gelman, Kimberly Brenneman, Gay Macdonald & Moisés Román.
English Edition Copyright © 2010 by Paul H. Brookes Publishing Co., Inc.
正體中文版著作權 © 2014 心理出版社股份有限公司

概念／焦點：
形式與功能／感官

# 探索感官的功能

## 配對聲音

　　在這個遊戲中，幼兒被要求在看起來、聞起來，還有感覺起來相同，但是在某一個重要面向相異的物件中找出相配的兩者。聽覺是能幫助他們找出配對物的感官[4]。

## 步驟

　　告訴幼兒你有兩個容器。他們必須決定這些容器是否充滿同樣的東西，但是他們不能把這兩個容器打開來看。他們該如何弄清楚是否這些容器內部有著相同的物品呢？他們需要使用其他感官來觀察這些容

### 材料

- 搖晃罐（例如：有蓋子的舊底片罐、小型且不透明的塑膠貯存容器）
- 當搖晃時會有不同聲響的裝填物件（例如：一分錢、迴紋針、糖或是沙子、米、乾的豆子）
- 對大團體活動來說，你只需要兩種搖晃罐。然而，你可能想要製作更多搖晃罐讓孩子稍後探索

---

[4] 這個活動，就像其他一些在這個課程系列中的活動一樣，都立基於 Massey 及 Roth（2004）——找出相配者或是裁定這三者中的哪一個跟其他兩者不相同——以這種方式進行的話就只有一種感官可以解決問題。這突顯了個別感官的特殊功能。

*Preschool Pathways to Science (PrePS*[TM]*): Facilitating Scientific Ways of Thinking, Talking, Doing, and Understanding* by Rochel Gelman, Kimberly Brenneman, Gay Macdonald & Moisés Román.
English Edition Copyright © 2010 by Paul H. Brookes Publishing Co., Inc.
正體中文版著作權 © 2014 心理出版社股份有限公司

器（你應該從使用兩個沒有裝入相同填充物的容器來開始這個活動，配對則在活動的稍後再行介紹）。

詢問幼兒的想法。如果他們無法想出任何可以嘗試的東西，重新回顧他們的感官並詢問孩子是否覺得任何一項感官能幫助他們解決問題。大概不需要等上很久就會有幼兒建議使用聽覺，你可以接著說些例如「嗯，我正在使用我的耳朵，然後我沒聽到任何聲音」之類的話來建議幼兒搖一搖這些容器。當有幼兒這樣提議，先搖一搖一個容器，接著再搖另一個，這兩個聲音相配嗎（它們應該要聽起來不一樣）？

現在介紹另一個搖晃罐，它聽起來如何？要幼兒們去仔細觀察，這個搖晃罐的聲音跟其他搖晃罐中的某一個的聲音一樣嗎？讓另一個幼兒搖一搖這個容器，它跟其他容器中的某一個在內部有一樣的填充物嗎？

藉著陳述「我們使用耳朵來找出關於這些容器的某些事情，當你搖晃它們，這兩個容器聽起來一樣，而這一個聽起來則不太一樣」來總結截至目前為止的發現，詢問幼兒我們要如何確實弄清楚是否「這兩個（有相同聲響的搖晃罐）裡面有相同的填充物」。孩子們應該會建議看一看容器內部（然而有些孩子可能會記得「不准偷看」守則），告訴幼兒現在他們已經解決了問題，所以可以打開這些容器，他們的眼睛會幫助他們檢查確定哪些容器裡面有相同的內容物。

小組中的後續活動，可讓幼兒去探索並配對一些你所製作的其他搖晃罐。如果你有額外的容器，孩子們便能享受自己製作一些搖晃罐的樂趣，

| 第三頁 | 活動 4.3 |

然後跟你以及他們的朋友一塊兒玩配對遊戲。將這個遊戲帶到戶外，並鼓勵幼兒使用來自遊戲場的東西（來自沙箱的沙子、混入沙子中的大顆卵石、泥巴、木片等等）來製作搖晃罐。

## 科學操作計畫網格

| 科學操作方式 | 概念／焦點：形式跟功能／感官。<br>體驗活動：利用聽覺配對聲音。 |
|---|---|
| 觀察、<br>預測、<br>檢核 | 孩子利用他們的感官探索看似相同的容器。<br>利用一種特定的感官（聽覺），他們能解決問題並弄清楚哪些容器裡有相同的東西。<br>他們藉著使用眼睛來檢核他們以聽覺進行的觀察。 |
| 比較、對照、<br>實驗 | 孩子利用他們的感官比較與對照這些容器，這些容器看起來一樣、聞起來一樣，然後甚至聽起來一樣——直到它們被搖動。 |
| 詞彙、<br>論述、<br>語言 | 「相同」與「不同」這些詞彙在整個活動過程被使用，然後被連結到容器的特定特徵上（例如：相同的顏色、相同的形狀、不同的聲音）。 |
| 計數、測量<br>及數學 | 這些實踐並非本活動的主要焦點。 |
| 記錄及建檔 | 教師可以利用感官圖表（來自活動 4.2）來引導幼兒的問題解決活動。 |

概念／焦點：
形式與功能／感官

**活動 4.4**

# 探索感官的功能
# 手感重量以及天秤

　　這個活動是在兩個互動團體時間介紹天秤，這項活動建立在幼兒知道他們可以利用肌肉來分辨兩個物體哪個較重的知識上，並且將這項知識與天秤連結起來[5]。孩子被介紹天秤是一種當用手拿著物體無法明顯判斷時，做為幫助他們分辨兩個物體哪個較重的工具。在孩子使用放大鏡學習時，有時候他們的感官需要一些協助。雖然理解需要時間以及多元的經驗，但這個活動是一項如何讀懂刻度，如何讓天秤平衡，以及如何使用它來判定哪個物體（或一組物體）比另一個物體來得重的入門介紹。

## 材料

- 天秤
- 各種能放在天秤上的重物（例如：書鎮、大石頭）
- 各種能放在天秤上較輕的物品〔例如：乒乓球、泡棉球（foam ball）〕
- 橡實、石頭跟貝殼等等的物件集合
- 標準砝碼的天秤

## 步驟

　　從告訴幼兒你想談一談有關有些東西是重的，而有些東西是輕的

---

[5] 這個天秤活動是由 Irena Nayfeld 在她於 Gelman Cognitive Development and Learning lab 工作時為她的榮譽論文（honors thesis）所發展的。

*Preschool Pathways to Science (PrePS™): Facilitating Scientific Ways of Thinking, Talking, Doing, and Understanding* by Rochel Gelman, Kimberly Brenneman, Gay Macdonald & Moisés Román.
English Edition Copyright © 2010 by Paul H. Brookes Publishing Co., Inc.

## 活動 4.4

的事情來開始這個活動，詢問孩子他們是否知道這些字是什麼意思。你可以要求他們為頗具重量以及不是很重的東西命名。提醒孩子他們的肌肉可以協助他們去發現東西有多重。

接著，拿一對在重量上明顯不同的物體（例如一個紙鎮跟一個乒乓球），邀請自願者（或甚至全班）使用他們的肌肉去找出哪一個比較重，並且要他們向大家報告他們的發現。然後告訴幼兒還有一個叫做天秤的工具可以用來幫助我們發現哪個東西的重量較重。把這兩樣物品放置在天秤上，然後讓孩子觀察哪一側往下降，強調較重的物體會讓天秤往下降。用其他有著明顯不同重量的物體重複這項動作，讓孩子判斷手感重量然後使用天秤來找出哪個物體較重。

再來，拿兩個相似但在重量上不相等的物件（你應該事先在天秤上測試這些物品以確定其中一項確實較重），每個幼兒可以抓握這些物品，然後投票來宣告他們相信哪一個物品較重一些。很有可能會出現不一致的意見，告訴幼兒有時候他們的肌肉無法確切地辨別哪項物品比較重，但是天秤卻可以協助他們做到這一點。詢問孩子天秤會做些什麼來回應較重的物品（下降）。藉由把這些物品放置在天秤上來檢核哪一個比較重，用不同的物品來重複這個動作。

最後（如果孩子需要休息的話，這可以在另一段時間進行），使用兩個有相等重量的物品，讓孩子使用他們的肌肉去試著弄清楚這兩項物品是否不同或是一樣。要孩子去想想如果兩個物體等重時，天秤會發生什麼

*Preschool Pathways to Science (PrePS™): Facilitating Scientific Ways of Thinking, Talking, Doing, and Understanding* by Rochel Gelman, Kimberly Brenneman, Gay Macdonald & Moisés Román.
English Edition Copyright © 2010 by Paul H. Brookes Publishing Co., Inc.
正體中文版著作權 © 2014 心理出版社股份有限公司

事，會有一側下降嗎？接著把物品放上天秤，幼兒將觀察到天秤會是對等或平衡的（兩側皆沒有下降）。詢問幼兒這代表什麼意思，其中一個物品較重還是它們一樣重？重新聲明一次等重的物體將讓天秤兩側均等（將平衡天秤）。

在接下來大概一天內回顧之前的材料，詢問孩子他們記得哪些關於天秤的事，當他們把一個重的物體放在一側，然後把一個輕的物體放在另一側時，會發生什麼事？如果兩個物品重量相等時會發生什麼事？花點時間讓他們去回應這些問題並從多個孩子身上得到一些概念。如果孩子看來很感興趣，或是如果他們的答案暗示出他們需要再回顧一次，那就簡要地重複一些活動。

你可以使用橡實、石頭或者貝殼等等的物品集合讓天秤不均等，接著詢問孩子他們如何才能讓另一側（較輕的那側）下降，他們可以做些什麼來讓那一側重一點？舉例來說，如果你使用橡實跟石頭的話，要孩子去預測需要多少橡實才能讓較輕的那側下降，用不同數量的物品來這樣做上幾次。你可以讓孩子投放物品然後讓班上的幼兒挨個兒數算。如果你想探索讓天秤保持平衡的話，最好是使用標準砝碼，因為一組五個的橡實或貝殼可能不會正好跟另一組五個一組的橡實或貝殼相等重量。

鼓勵孩子在自由遊戲時間時在科學區藉著使用不同物品或玩具去進一步探索天秤。透過詢問鼓勵他們去詮釋天秤的狀態或預測，如果他們在一側添加或取走物品會發生什麼事等等問題來支持他們的學習。

## 科學操作計畫網格

| 科學操作方式  | 概念／焦點：形式與功能／感官。<br>體驗活動：使用天秤去秤重。 |
| --- | --- |
| 觀察、<br>預測、<br>檢核  | 幼兒用他們的肌肉觀察物體，然後接著使用天秤延伸他們的觀察。<br>當物體被放上天秤後，幼兒做出天秤哪一側會往下降的預測。<br>幼兒藉由放置物品在天秤上來檢核他們對重量的觀察與預測。 |
| 比較、對照、<br>實驗  | 幼兒比較跟對照不同的物體來找出哪一個比較重，並比較天秤的兩側來決定哪一邊的天秤有較重的物體。<br>這個活動讓孩子進行簡單的測試。他們進行觀察與預測並接著利用科學性的工具測試這些預測。 |
| 詞彙、<br>論述、<br>語言  | 這個活動將討論使用如較重、較輕與相等的比較性詞彙考慮在內。<br>相關的字彙如重量跟平衡也被使用，幼兒也被教導知道工具的名稱（天秤）。 |
| 計數、測量<br>及數學  | 孩子被要求去思考讓一側較重以及／或者平衡天秤的所需物品數量。<br>隨著預測被檢核，孩子數算用來達成這項任務的物品數量。 |
| 記錄及建檔  | 這項科學實踐並非此活動的焦點；然而，孩子可以做展示天秤以及在天秤中物品的日誌紀錄（圖 4.10 為一個在探索天秤跟砝碼時在科學日誌中進行分錄登錄的幼兒，他的老師謄錄下他對類目想敘說的內容）。 |

# 第五章

# 評量

洪麗淑　譯

　　無論是用來規劃綜合性的課程，或者是加強其他課程的科學及數學內涵，PrePS 都能針對幼兒在社交、情緒、動作及認知能力上各方面的發展提供輔助。當您使用 PrePS 的教學法來規劃綜合性的課程時，課程的內容必須要如同任何高品質的課程一般能促進小孩的全人發展。做為科學課程，PrePS 應該要能夠促進幼兒以科學性的方式思考、使用語言以及操作技能。如果您選擇使用 PrePS 來輔助您的課程規劃，您將會需要追蹤您的教學成效以及學生的學習狀況。本章所提供的資訊將會幫助您評估 PrePS 課程在課室中的執行成效。

## 如何得知 PrePS 能促進幼兒的全人發展？

　　本書已經清楚描述出 PrePS 是一個以科學為中心的課程，而這個課程同時促進幼兒在其他領域的技能發展，如數學、語言與閱讀及社會情感等技能。基於我們在加州大學洛杉磯分校學齡前保育及教育中心（UCLA Early Care and Education Centers）的成功經驗，我們相信 PrePS 可以做為一個高品質的綜合性幼教方案的基礎。除此之外，亦有許多明確的指標顯

示這個方案具有良好的總體品質。

　　自 1990 年代中期，UCLA 學齡前保育及教育中心就已經是美國幼兒教育協會（National Association for the Education of Young Children, NAEYC）所認證的專業機構，這也正是我們導入 PrePS 方案的時間點。要獲得這個殊榮，參與這個計畫的所有志工都必須通過全面性且嚴苛的幼兒教育、健康、安全相關標準的測驗。UCLA 學齡前保育及教育中心也是高瞻教育研究基金會（HighScope Educational Research Foundation）以及 NAEYC 認定的大學附設示範學校。這個中心設立在一個設有教育研究所的大學之中，所以常常被用來做為發展評量課程及教學品質的機構。透過研究，本校的參與展現了 UCLA 學齡前保育及教育中心致力於提高教育水準以及普及兒童教育的決心。

　　UCLA 學齡前保育及教育中心曾經是主辦「孩童互動品質課室評鑑學習系統」（Classroom Assessment Learning System™, CLASS™）評鑑人員訓練的機構（Pianta, La Paro, & Hamre, 2008）。這些評鑑人員指出 UCLA 學齡前保育及教育中心在教學品質的評鑑分數大幅高於其他中心（Sharon Ritchie, personal communication, March 9, 2009）。雖然我們沒有確切的數據，但是我們可以合理地解釋本中心以科學促進延伸性的、互動性的對話造就了如此高的評鑑分數。本中心的教學強調鼓勵老師以開放式的問題提問，以關注的、思慮周詳的回應來回答小朋友所提的問題。

　　除此之外，這個教學中心是加州 V 計畫（California Title V program）的成員之一，這個計畫規定成員學校必須執行內部研究，加州教育部也會定期以「幼教環境評量表——增訂版」（Early Childhood Environment Rating Scale-Revised Edition, ECERS-R; Harms, Clifford, & Cryer, 2007）來實施外部評鑑。教學中心在 ECERS-R 各評量子項目中皆獲得高分，這也證實了這個教學中心具有良好的總體素質以及促進兒童學習及發展的潛力。課程內容以及教學方式只是影響教學品質好壞的其中兩個因素，NAEYC（2006）提出了其他八項「學齡前計畫標準」（Early Childhood Program Standards）：良好的關係、持續性的兒童發展評估、

營養與健康、教學成員、家庭關係、社區關係、實體環境以及領導與管理。此外，充實的課程與教學也是一個教學計畫邁向卓越所不可或缺的要項。在課程、執行及教學上，PrePS 教學法促成了 UCLA 學齡前保育及教育中心成為一個示範計畫的實施單位。

> 身為國家幼教中心（National Center for Early Childhood Education）、美國幼兒教育協會（NAEYC）、國家幼教研究院（National Institute for Early Education Research, NIEER）、First 5，以及我們所處的洛杉磯市社區共同體（Los Angeles Community Partnerships）的一員，加州大學洛杉磯分校幼教品質促進中心（UCLA Center for Improving Child Care Quality）一直以來都很幸運能夠使用 UCLA 學齡前保育及教育中心的課室來發展課室學習環境的評鑑工具，以及訓練研究員如何蒐集課室托兒品質的標準化基準。在過去的十年中，我們在這些發展及訓練的過程中使用了 CLASS™、ECERS-R、Adult Involvement Scale（Howes & Stewart, 1987）以及 Emerging Academics Snapshot（Ritchie, Howes, Kraft-Sayre, & Weiser, 2002），來蒐集課室層級的分數。機構審查委員會（institutional review board, IRB）規定課室中受測對象的個人分數是不可以公布的。我審閱過這些數據，分數都落在良好及優異的一端，這個結果顯示所有相關的數據都指出 UCLA 有高品質的課室環境（Carollee Howes, personal communication, April 13, 2009）。

# 如何得知 PrePS 能促進科學性的思考及理解？

雖然目前有很多針對一般幼教環境的評量工具，但用來做為學齡前科學教學的評鑑工具卻很罕見。或許這是因為學齡前兒童有能力而且可以實

際操作科學活動這樣觀念是相對新穎的。唯有教育家及決策者願意致力於提供兒童早期的科學學習經驗，評量工具才會於焉誕生。我們知道已經有一些研究團隊正在著手發展這類的評量工具，此外，ECERS 延伸版的評量表（ECERS-E）也已經出版了（Sylva, Siraj-Blatchford, & Taggart, 2006）。此版本包含了評鑑科學類教材、相關教學法的子量表，以及量測閱讀、數學及多元性學習的量表。

雖然 PrePS 的教學場所尚未以 ECERS-E 評鑑過，但在 PrePS 的課室中可以發現許多符合評量表中優質指標的項目，包含鼓勵幼兒探索自然現象，並針對這些現象以畫圖或其他方式加以觀察，提供各式各樣的工具及參考資料，如書籍及圖表，以及提供幼兒機會討論、提問及記錄調查結果。一位紐澤西的夥伴老師在給我們的回饋中提到，ECERS-R 在評鑑報告的一開頭就指出，這位老師一整天的活動中都可以見到數學及科學的運用。研究顯示，在許多幼教場合裡數學及科學的運用根本就不存在（Brenneman, Stevenson-Boyd, & Frede, 2009）。許多教師告訴我們，在關鍵領域的教學中，PrePS 的學習經驗帶來豐富的內容。我們很榮幸能夠收到如此的肯定。

當然，評鑑課室品質的主要目的是在確認教材、教學活動、教法及課程內容是否能在學習上給予幼兒最大的幫助。但評鑑結果顯示，一般課室的教學品質與幼兒的學習成果呈現中度相關（e.g., Burchinal et al., 2008）。一篇研究數學及科學環境（以 ECERS-E 為測量工具）與學習的相關性報告指出，雖然研究結果顯示此兩者間的關係並未達到統計上的顯著水準，但當「科學環境」這項分數越高時，幼兒的非言語推理能力就越高（Sylva et al., 2006）。全年度有計畫且持續性的學齡前科學學習課程已經被認為與詞彙的提升有關聯（French, 2004）。以教育措施來促進學齡前幼兒學習科學（e.g., Massey & Roth, 2009; Solomon & Johnson, 2000）以及邏輯思考技能（e.g., Klahr & Chen, 2003），也顯示出具有正向的影響。這些研究成果皆提出了一個概念——設計完善的科學學習經驗能幫助幼兒學習科學的內涵及操作的程序。

近幾年來，在國家科學基金會（National Science Foundation[1]）的支持下，我們得以在幼兒參與概念性早期科學學習的過程中評量他們的科學學習，資料的蒐集與分析仍然持續進行中，但目前的結果是令人振奮的，在本書中所提到的學習經驗確實能促進幼兒發展對科學內涵的理解及科學操作的能力。舉例來說，我們一再地給予幼兒機會操作簡單的科學實驗。有一些班級做的實驗包括播種或是種植植物，也有其他的班級進行不同材質的保溫特性測試，如羽毛、毛線手套、鯨脂（詳見活動 3.3）。在這些規劃好的教案即將結束時，我們請幼兒規劃自己的簡易試驗。我們請幼兒設計一個實驗的程序，用來「找出」一個問題的答案（例如：這兩種手套哪一個的保暖效果較佳）。我們將 PrePS 課程的幼兒與一般課室的幼兒做比較，結果發現有機會一再地執行簡易科學活動的幼兒較有可能會設計出將各款手套中的一隻拿來做測試的實驗（Brenneman et al., 2007；詳見圖 5.1）。

我們也蒐集了 44 位年齡四至五歲的幼兒在多次參與簡易實驗前後的資料，這些資料包含幼兒如何使用實驗材料以及發展出簡單的實驗步驟來針對特定的問題做實驗。後測的分數顯示有 36 個幼兒的分數改變了，其中 75% 的幼兒所得到的分數進步了，但有 25% 的幼兒的分數是低於前測的。因此，整體來說，這個課程的介入對幼兒的發展是具有正向影響的。此外，同樣重要地，幼兒發展出來的實驗步驟提供我們評量個別學習者理解程度的資訊。我們注意到在這個教學計畫中，大部分幼兒的能力是漸漸在進步的，但有些幼兒始終無法掌握實驗步驟，老師可以利用類似這樣的資訊來做出符合課室現況的教學決策。研究結果顯示，幼兒從一次又一次與老師及同學在課室裡一起設計、執行及討論簡易實驗的機會中獲益及學習（Brenneman & Gelman, 2009），但是我們也知道持續提供幼兒更多針

---

[1]　本章使用的研究案例是由國家基金會獎助金 REC-0529579（National Science Foundation Grant REC-0529579）所獎助執行的，受獎助的研究人員為 R. Gelman、C. Massey 及 K. Brenneman。

圖 5.1 簡易實驗

對實驗本質的體驗也是必要的。這個研究帶給我們最重要的一課是：將實驗的概念介紹給小朋友，然後將他們帶往學習科學操作及知識建立的途徑上是可行的。

做為國家科學基金會所贊助的團隊成員，我們也測試了以感官（Brenneman, Massey, & Metz, 2009）及生命週期（Downs, Brenneman, Gelman, Massey, Nayfeld, & Roth, 2009）為主題的學習活動以及這些活動的有效性，這兩個概念是幼教課室中常見的活動主題。我們透過仔細設計過的學習經驗來提升這些活動的教育能量，這些學習經驗互為基礎並將基本的科學操作融入於其中。

如同我們在第四章中所闡述的，我們常常在學年初就導入「使用感官來當作觀察工具」的觀念。這樣的學習方式提供幼兒更多機會來練習及探索各種可以用來觀察自然界的方式，也同時引導幼兒思索什麼樣的資訊可以使用何種感官來獲取。在一個小規模（兩個班級）的研究中，研究對象大部分為以英文為學習語言的三至四歲幼兒，一組幼兒參與過一系列連貫性的、以感官以及觀察為主的活動，另外一組從未參與過這些活動，在這兩組幼兒之間，我們觀察到明顯的差異。在學年初，這兩組幼兒皆

無法回答與他們感官功能相關的基本問題（以他們的主要語言提問）。
班級老師使用 PrePS 教學法的小朋友在後測上較能將感官及感官的功能配
對上（79% PrePS 計畫的小朋友 vs. 27% 比較組班級的小朋友）；舉例來
說，較多的 PrePS 班級的幼兒知道要用耳朵聽，不是用眼睛嚐（詳見圖
5.2）。另一個相似但規模較大的研究亦顯示出相似的結果。在這個研究
中，我們在一群四歲的小朋友參與一系列學習活動的前後都做了一次評量
知能的測驗，詳如 Box 4.5 所列。

圖 5.2　感官與觀察

　　最後，在一所大學附設的幼兒園裡，我們跟一群年齡大一點的孩子
（一班共十位四至五歲的小朋友）更進一步地將學習的途徑延伸到瞭解
「感官是用來觀察的工具」，也就是說，它們是用來累積知識的手段。在
參與活動後，這群孩子的能力已經超越辨別哪一個感官有什麼功能的階
段，他們已經有能力在解決問題的過程中正確地判斷每一個感官的功能以

及極限。綜合以上所述，這些研究支持了 PrePS 教學法的基本理念，也就是提供各種不同形式的學習機會，而這些學習機會最終匯流成一個共通的概念：建立以及延伸幼兒對關鍵科學觀念的瞭解。體會「觀察」的意義就是科學方法的基礎。

　　在另一組研究中，我們將研究的目標設定在調查幼兒在參與活動前後，對成長與生命週期相關概念的認識有無增長，活動的設計主要在幫助幼兒們建構與這兩個概念相關的知識。回顧前幾章所提到的研究，相關的報告指出幼兒對有生命與無生命物體的同異處具有相當多的瞭解（詳見活動 3.4）；幼兒知道動物會自己活動，但人造的物品不會。他們預期這兩類物品是由不同的「東西」所製造而成，而且體內也裝有不同的內容。動物的體內有「血液、骨骼及食物」，雕像和機器體內有「電線、什麼都沒有和電池」（e.g., Gelman, Spelke, & Meck, 1983）。小朋友知道動物會受傷，但人造的動物會壞掉。他們知道動物可以被治療，但是人造的東西就需要由人類來修復（Backscheider, Shatz, & Gelman, 1993）。

　　不過，學齡前的幼兒似乎在思索及討論植物的時候，對於認定植物是否跟動物一樣是有生命的物體有某些程度的困難（Carey, 1985）。植物像動物一樣有生命，他們像動物一樣會成長，但他們並不會像動物一樣行動自如。因此，我們便設計了一系列的活動來幫助幼兒持續發展對植物與動物間相似處的認知：他們都具有生命、生命週期、父母親及後代，以及相似的需求（如營養、陽光、水）。我們將活動的重點放在比較這兩類實體，同樣地，也提供幼兒許多機會來比較這兩類實體的相異處；例如，這兩者生物皆需要營養，但他們獲取食物的途徑是非常不同的。幼兒從課堂上的學習經驗獲取植物與動物生命週期以及親子關係的相關知識（Downs et al., 2009）。在幼兒參與八週的概念學習之前及之後，我們評量了幼兒是否瞭解：一個特定物種的後代一定會是同一個物種（亦即貓生小貓，不是小狗；豆子會長成豆子的植株，不會長成棕櫚樹）。在八週的課程之後，小朋友較能正確地預測豆子（豆苗）及蛾卵（毛毛蟲）會長成什麼，也較能正確地選擇豆苗及毛毛蟲會變成什麼（豆類株及蛾）。在參與這個

研究的四至五歲的小朋友中，有兩位的前、後測分數是一樣的；剩下的32 位中，有 84% 的小朋友是有進步的。這些研究成果也顯示，我們所提供的學習經驗與理解力的提升是相關的，這些成果也幫助我們確認哪些小朋友需要加強哪方面的觀念及技能。

　　PrePS 的目標是提供建立在幼兒已經具備的基本能力及好奇心之上的學習經驗來促進未來的學習。請注意，我們不期待所有的孩子都能精熟所有技能，也不期待幼兒在評量上有完美的表現，因為每個人的學習進度存在著差異性。相反地，我們的目標著重在提升能力，而我們的研究也證實了我們已經達到了這個目標。與概念連結的學習經驗將許多幼兒送上科學學習之路，也將已經在學習之路上的孩子更往前推進了一步（Gelman, Romo, & Francis, 2002）。

# 教師如何從教學環境及學生的學習中評量 PrePS 的效果？

　　不論你決定使用 PrePS 教學法來設計你的綜合課程（如我們在 UCLA 學齡前保育及教育中心所做的一樣）或者是附加於其他的課程設計中（如我們在紐澤西州的學校一般），我們相信你會想要測試一下 PrePS 在你的課室裡的適用性及有效性。學前教育的評量通常都需要仰賴老師的觀察與記錄能力以及幼兒的作品。有些老師已經養成製作課室活動日誌或是個別行為記錄的習慣，有些老師甚至將幼兒的作品編輯成集來記錄小朋友的成長歷程。而 PrePS 透過提供豐富的相關資訊來幫助老師評量幼兒的學習成果。

　　在任何教育情境下皆存在一個關鍵問題——幼兒是否學到了教學者所期望傳遞給他們的知識。而老師需要具有明確的教育目標，然後蒐集資訊來驗證這個目標是否已經達成，方能回答這個問題。幼兒與同儕的對話、老師及父母的對話，甚或是幼兒的自言自語，都是主要的訊息來源。舉例來說，有一個四歲的幼兒在花園澆水時跟中心的主任說：「植物的成

長需要有水，就像我一樣。你可能會覺得奇怪，這些水需要進入整株植物裡，但是我卻把水澆在地上。因為，土地就好像是植物的肌肉一樣，你有沒有看到我的肌肉（小朋友彎曲他的手臂）？植物會將水從土地裡一直吸、一直吸、一直吸，吸到上面去。」顯然地，這個孩子試著將他已經知道的有關肌肉的知識與他正在學習的有關植物如何將水分運送到葉子的知識做連結。像這樣的對話就可以被用來建構更完整及更準確的學習經驗。

　　幼兒在自由活動時間所選擇的活動項目也顯示出他們時時在思考著不同的科學概念，並且將這些科學概念與他們的活動做連結，即使老師不在身旁引導時也是如此。Box 3.6 中測量蛇長度的活動是幼兒在自由活動時間中自己設計出來的活動。再舉一例，有一個四歲小女生，她正在學習「裡外」的概念，她在戶外遊戲場發現了一個綠色的、小小的、圓圓的東西，他希望班上的小朋友一起來討論這是什麼東西。在團體討論的時間，班上的幼兒一起討論了這個東西，並且提出了一些研究的建議來測試他們對這個物體的猜測。小朋友提到了要把它切開，或是拿來種種看（因為很多孩子相信這個東西是一顆種籽）。稍後，兩個小朋友跑去收集了三十多顆這個神秘的綠色物體，這個數量足夠讓每個小朋友都可以研究這個物體。為了完成這個研究，小朋友們跟老師要了盤子、刀子、放大鏡、科學日誌、筆，以及日期章。所有的東西都已準備好了，整個班級花了一些時間探索這個神秘的物體。顯然地，這些小朋友已經具有動機及能力來運用科學的方法為他們感興趣的問題尋找答案。

　　如同我們先前所提到的，PrePS 的學習經驗也同時促進了語言的發展。當老師探究幼兒是否有能力使用詞彙來形容各種物體或事件時，他們會發現幼兒的對話中充滿了科學的討論。我們有大量的大團體及小團體討論的文字紀錄，從這些討論的內容可以看到老師及小朋友所用的新詞彙。有一個幼兒看著一個積木，然後跟老師說：「它是藍色的、長方形的，我就只觀察到這麼多。」我們可以很清楚地知道，這個幼兒瞭解「觀察」這個詞彙的意義。日誌內容也是一個可以觀察到幼兒學習新字彙的資訊來

源。

科學討論（不論是團體時間的討論或個別學生的日誌紀錄）鼓勵小朋友使用描述性詞彙，並且清楚地顯示小朋友的學習進程，PrePS 的教師，尤其是教導以英文為主要語言的學習者的教師，對於這樣的現象感到非常興奮。對教師而言，這些對話透露出幼兒使用了更加複雜的語言。預測及描述某個事件為什麼發生，鼓勵幼兒使用比較複雜的句子來形容一件事情（Gelman & Brenneman, in press）。在這樣的教學方式中，老師不僅提供了幼兒學習的機會，也給予幼兒一個有意義的情境來「秀自己會的東西」，而這樣的反饋提供老師一些資訊來評量孩子的語言技能。

第三章我們介紹了利用日誌來促進幼兒的學習。日誌也可以做為評量的工具，因為它可以提供老師有關幼兒的想法以及他們在各個課程領域的技能發展。當工作人員與幼兒討論他們的日誌內容時，老師便能探查幼兒對概念的理解、評量詞彙的發展、收集語言發展的蛛絲馬跡、評量精細動作技能、瞭解幼兒是否能注意到細節，以及瞭解幼兒是否具有各方面的學前素養（Brenneman & Louro, 2008）。討論幼兒的日誌內容提供了一個進行「形成性評量」（formative assessment）的機會。在討論的過程中，老師可以藉這個機會反問自己：「這個小朋友已經學會了什麼？我可以提出什麼問題，或提供什麼樣的學習經驗來促進更進一步的學習？這個幼兒有沒有誤解任何一個概念？如果有，我該如何來導正他的觀念呢？」

圖 5.3 的日誌內容顯示了這個幼兒可能對這個概念有些誤解。這個幼兒似乎相信種下的草種籽數量影響了發芽的數量，但與種植草種籽的媒介無關。在一個小空間種植大量的種子或許會造成競爭而對植物生長造成負面影響，但這個情況卻不適用在這個例子上。即使這個情況適用，思考土壤及沙對植物生長的影響對這個幼兒而言亦是重要的。取決於學習者個人的不同，老師可以提出一些問題來稍微挑戰一下幼兒的想法，例如：「我不太確定種籽的數量是不是會有影響？會不會是沙子的關係？你覺得呢？」然後，老師可以鼓勵小朋友想想可以用什麼方法來確認真正的影響為何？「我們要怎麼做才能找到真正影響發芽的因素？我們可不可以做個

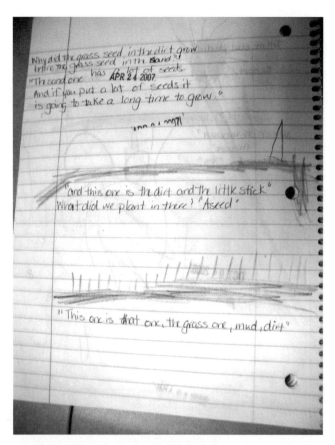

圖 5.3　一頁可能有概念誤解的日誌內容

測試？我們應該怎麼做？」老師可以帶領幼兒進行實驗來找出到底是哪一個因素影響了種籽的生長。從這篇日誌的內容中我們也看到幼兒使用因果語言來論述實驗的結果。

　　日誌也可以用來做為單元結束前或是學期末的總結性評量（Gelman et al., 2002）。舉例來說，隨著部分針對主軸概念的探索活動（或者子項目）因為植物的成長而產生變化時，幼兒也參與了一些幫助他們瞭解植物生命週期的體驗活動。為了要確認植物是否必須要有陽光及水才能成長，我們將種籽種在不同生長條件的環境裡：有水及陽光、有陽光但沒有

水、有水但沒陽光，以及無水且無陽光[2]，然後觀察並且描述植物的生長狀況。過了幾個星期後，我們討論了種在衣櫥裡的植物有何特徵，也就是沒有陽光的那一組。放在衣櫥裡的植物也都長出來了，幼兒對此感到十分訝異，不僅如此，這些植物都有很長的莖，甚至長得比種在陽光下且正常澆水的植物還要長！不過，幼兒也注意到了在陽光下且正常澆水的豆苗葉子顏色比較深，葉片較多、較大，也站得比較直挺。這些植株看起來也比種在黑暗中且不澆水的植株要來得健康。幼兒接著將這些實驗結果記錄在日誌中，其中有許多幼兒準確地將兩種用不同方式栽種的植物之間的主要差異記錄下來（詳見圖 5.4）。這些日誌的內容在幼兒對細節的關注，以及使用描述性語言這兩方面提供了豐富的資料。

　　老師也可以跟幼兒一起回顧日誌內容來瞭解他們對之前所做過的探索還記得多少。這些紀錄可以提示幼兒他們過去做過哪些活動。我們選擇了健康和不健康的豆苗的單元來跟每一個孩子討論他們自己記錄下來的內容，每一個幼兒都跟一個非班級成員的成年人做討論，討論內容包括這兩株植物有何差異，哪一株植物是健康的，以及幼兒是怎麼做判斷的。透過這個方式，日誌成為日後評量「幼兒還記得多少資訊」的工具。老師可以藉由跟幼兒回顧日誌的機會來得知他們還記得什麼，評量幼兒是否隨著時間的推進而更有能力使用更加複雜的觀念或語言來做描述。

---

[2]　在接下來一年的實驗裡，我們將陽光及水這兩變項分開；也就是說，在其中一組實驗中，我們僅比較有日照及無日照的差異性（這組實驗的植物皆有澆水）。我們用另一組實驗來探索水對成長的影響，所有的植物皆有日照，但僅半數有澆水。進行這樣的實驗可以讓幼兒清楚地觀察到哪些因素會影響植物的生長。

圖 5.4　種豆日誌

　　日誌提供了一個永久性的以及標有日期的學習紀錄，記錄了幼兒一整
年的學習活動。如果你比較了學年初至學年末的內容，你將會看到非常大
幅度的改變，包含幼兒精細動作技能的發展、對細節的觀察，以及是否有
能力使用各種詞彙及較複雜的句子來描述他們所畫內容。尤其是年齡較大
的孩子所製作的日誌，這些日誌內容多少也記錄了他們日益增長的寫作技
巧。有些孩子開始希望用他們自己發明的拼字法來做記錄，或是請老師教
他們拼字，或者是模仿大人的筆觸，而這些學前素養的進步將會在這一整

年裡所做的日誌中呈現出來。

在這一年中，幼兒使用日誌的模式也會有所變化，這個變化代表了幼兒對這個工具本身存在的目的有更深的理解。隨著年度的推進，日誌的內容是不是較能呈現科學的內涵（而不僅是表現創意的繪畫）？幼兒是否記得在紀錄上附註日期？幼兒是否比較少在日誌上蓋滿日期章，這個現象呈現出來的意義是——幼兒已經比較能將日期章視為一個科學工具，而不是一個藝術創意的工具？

第一章圖 1.1 顯示幼兒的能力及思考方式已經有所進步。除了從日誌內容推斷幼兒對探索中的主題瞭解多少，你也可以直接詢問幼兒日誌及日期章對他們的意義。Box 5.1 的內容是一段自然發生的對話，你也可以請一個成人在非正式的狀況下用同樣的方式來跟幼兒交談。

# 我如何得知所使用的導入方式是正確的？

PrePS 的目的在於幫助老師激發幼兒學習、動手做及瞭解科學。我們先前已經提供了許多例證，這些例證顯示 PrePS 教學法不僅能普遍性地促進高水準的學習環境，也能針對性地促進科學概念的學習及操作。當他們被鼓勵經由反覆的活動參與及操作來深入地思考同一個概念或想法，幼兒便開始學習了。除了研究成果及數據，我們也蒐集了一些老師的想法及意見，這些老師都曾經接受我們的訓練以及參與 PrePS 計畫。當中有多位老師表示他們對於科學教學方法以及態度有了某種程度的改變。

---

## Box 5.1
## 一段有關於科學日誌的對話

在學年度開始後的幾個月，有一個非經常到訪的成年訪客（但熟悉 PrePs）問了 Marco 及 Brianna 這兩個孩子一些關於科學日誌的問題。

訪客　　：那是什麼東西？
Brianna：那是我們的科學日誌。
訪客　　：什麼是科學日誌？
Marco　：那是我們用來寫東西跟記錄實驗用的。
Brianna：是啊，還有畫畫。
訪客　　：可以讓我看看嗎？（指著日誌裡所蓋的某一個日期章）這是什麼？
Brianna：是日期。
Marco　：是日期章。
訪客　　：為什麼每一頁都要蓋一個？
Brianna：這樣我們就知道那是在哪一天做的。

然後這三人就坐了下來，這兩個孩子請訪客說出在每一篇日誌上所蓋上的日期。雖然這些內容並沒有按著日期的順序一頁接著一頁地記錄，但這兩個孩子皆能指出每一篇日誌的先後順序。他們是以記錄裡所蓋的日期，而不是頁面的順序來追蹤記錄的時間順序。

---

……你所設計的課程真的令我反思，我開始思考，在每日與幼兒進行的活動中，我是如何看待科學的。我領悟到科學的名詞不再那麼地令人感到不自在……啊，它已不再令我感到懼怕。

SL，紐澤西州學前教師

對某些教師而言，將某些 PrepS 的觀點融入他們的課程中是比較可

行的，也有某些老師覺得採用示範課程來做為課程設計的模型是相當有助益的。至此，我們應當很清楚 PrePS 並沒有一個標準的使用模式，沒有任何針對某特定學習經驗的標準引導方式。這樣的狀況對某些教師而言是一種釋放，但對某些教師而言挫折感非常大。為了回應教師的需求，我們針對如何引導教師進入 PrePS 的世界，以及如何輔助他們使用 PrePS 的教學法做了相當多的修正。這本書是我們自我評量的成果，其中包含了我們認為執行成效良好的部分，也重新修改了一些執行方式。我們相信您的回饋、建議、意見以及（我們期望）成功的故事都將會在未來本書修訂時，提供我們寶貴的資料。

　　我們的想法是：每個人都需要花一些時間來反思我們現在在做什麼，我們的目標是什麼，以及我們所使用的方法是否切實有效地朝著我們的目標前進。以教師的角度來看，PrePS 是否有效？最佳的指標來自幼兒的學習評量。你是否已經抓到 PrePS 的精髓？另一個不錯的判斷方法就是環視一下教室的牆面（詳見 Box 5.2）。

---

**Box 5.2**
**牆面**

---

　　學齡前幼兒的課室裡大多都張貼著鼓勵「閱讀」的海報，還有幼兒的作品，或許還有老師做的公布欄，目的是用來吸引幼兒注意每週活動的主題。但是，當教室裡的課程開始加入 PrePS，牆面上的內容將會開始改變，幼兒的想法將會顯而易見地遍布整個教室，牆面上將會掛著觀察與預測表，記錄幼兒對探索主題的描述與説明（詳見圖 5.5）。幼兒對整天都能回顧這些東西是感到興奮的，他們常常在午餐或點心時間請老師將「我們的預測」讀給他們聽。在幼兒的藝術創作旁所張貼的畫作，是他們從科學探索主題中所觀察到的現象以及習得的知識。在我們推行 PrePS 的同時，我們也會請老師想想他們要怎麼利用教室裡的牆面。有多少牆面上的

作品能反應幼兒的構想及想法？在老師開始引入科學的思考、敘述、操作及理解模式之後，這些答案都將開始改變。

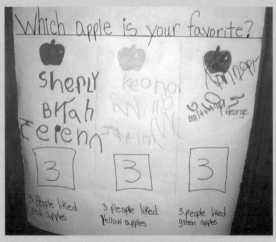

圖 5.5　在一 PrePS 教室裡的牆面

# 感言

我們在很多年以前就開始發展 PrePS。從那時起，研究人員、教育

人員以及政策制訂者紛紛對學齡前科學教育投予更多的關注。國家研究院（National Research Council）已著眼於提升 K-8（幼兒園至八年級）的科學教育，並且提出相關研究（Duschl et al., 2006）以及提供將研究發展出來的應用工具提供給教育人員（Michaels, Shouse, & Schweingruber, 2008）。每一期的出版物中亦記載學齡前幼兒在進入幼兒園就讀時已具備的各種基礎技能及學科知識。在此同時，針對幼兒在學齡前機構應該學習什麼內容的議題，全國各地也紛紛要求教育主管單位制定一個較詳盡的定義。截至 2005 年，幾乎每一州都已針對學齡前的語言、閱讀以及數學等科目制訂標準或學習目標（Neuman & Roskos, 2005）。大部分的州也制訂了科學學習的目標，如紐澤西州，該州的教育部門針對學齡前科學教育列出了四項目標（詳見 Box 5.3）。我們很高興看到我們長期的信念，亦即：「科學在學齡前教室占有重要地位」，已經獲得了印證。

　　如果我們期待幼兒長大後成為具有科學素養的社會人士，幫助小朋友發展科學思考技能以及學習學科知識是至關重要的。確保教師所設計的課程能保持幼兒與生俱來對探索這個世界的熱情與好奇心以及蘊藏在這個過程中的科學內涵亦是同樣地重要。因此，很多時候當我們形容 PrePS 是一個導引幼兒進入科學學習的方法時——也就是幫助他們自在地使用科學工具、方法以及內容——大人們的反應就是興奮。他們說他們所經歷的科學教育經驗是枯燥乏味且困難的，因此他們和科學保持距離，並且認為科學與日常生活沒有多大的關聯。在傳統教室裡，學生並不會用到科學的方式來解答他們自身的疑惑或解決與他們相關的問題，實驗是用來再一次地回答別人之前提出的而且已經研究過的問題，教學的方式是以一個步驟接著一個步驟的方式呈現，完全沒有留給學生任何發揮創意或是探索有趣點子的空間，而科學的真相是用記憶及回想來學習，對概念的學習完全無法融會貫通。

**Box 5.3**
**紐澤西州教育局**
**學齡前教育教學與學習目標**

目標一：發展探究的技能，包含解決問題及決策的能力。
目標二：觀察和探討物體的特性，包含有生命或無生命的物體。
目標三：探索變化的概念，包含有生命和無生命體以及環境的變化。
目標四：發展環境意識以及人類對環境的責任。

2009 年 3 月 2 日摘錄自 http://www.state.nj.us/education/ece/code/expectations/expectations.pdf

　　PrePS 計畫並不能保證每個幼兒都能精通科學，但是當每個人從小就認為科學是日常生活中令人興奮的一部分時，就有能力學習及操作科學。透過培養幼兒與生俱來對世界萬物的好奇心，PrePS 為幼兒未來的學習建立了一個基礎。而 PrePS 最大的潛力就是導引幼兒進入科學學習之路，幼兒將會發展足夠的能力來操作、理解以及探索更多的科學內涵。PrePS 的目標是讓孩子知道探索的樂趣，以及將這份樂趣化為一次又一次的渴望。

# 參考文獻

Appelbaum, P., & Clark, S. (2001). Science! Fun? A critical analysis of design/content/evaluation. *Journal of Curriculum Studies, 33*, 583–600.

Backsheider, A.G., Shatz, M., & Gelman, S.A. (1993). Preschoolers' ability to distinguish living kinds as a function of regrowth. *Child Development, 64*, 1242–1257.

Baillargeon, R., Yu, D., Yuan, S., Li, J., & Luo, Y. (2009). Young infants' expectations about self-propelled objects. In B.M. Hood & L.R. Santos (Eds.), *The origins of object knowledge* (pp. 285–352). New York: Oxford University Press.

Bowman, B., Donovan, M.S., & Burns, M.S. (Eds.). (2001). *Eager to learn: Educating our preschoolers*. Washington, DC: National Academies Press.

Bransford, J.D., Brown, A.L., & Cocking, R. (Eds.). (1999). *How people learn: Brain, mind, experience, and school*. Washington, DC: National Academies Press.

Brenneman, K., & Gelman, R. (2009, April). *Supporting and assessing scientific reasoning in young children*. Presented at the biennial meeting of the Society for Researh in Child Development, Denver, CO.

Brenneman, K., Gelman, R., Massey, C., Roth, Z., Nayfeld, I., & Downs, L.E. (2007, October). *Preschool pathways to science: Assessing and fostering scientific reasoning in preschoolers*. Presented at the biennial meeting of the Cognitive Development Society, Santa Fe, NM.

Brenneman, K., & Louro, I.F. (2008). Science journals in the preschool classroom. *Early Childhood Education Journal, 36*, 113–119.

Brenneman, K., Massey, C., & Metz, K. (2009, April). *Science in the early childhood classroom: Introducing senses as tools for observation*. Presented at the biennial meeting of the Society for Research in Child Development, Denver, CO.

Brenneman, K., Stevenson-Boyd, J., & Frede, E.C. (2009, March). Math and science in preschool: Policies and practice. *NIEER Preschool Policy Brief, 19*. New Brunswick, NJ: National Institute for Early Education Research. Retrieved June 1, 2009, from http://nieer.org/resources/policybriefs/20.pdf

Brown, A.L., & Campione, J.C. (1996). Psychological theory and the design of innovative learning environments: On procedures, principles, and systems. In L. Schauble & R. Glaser (Eds.), *Contributions of instructional innovation to understanding theory* (pp. 229–270). Mahwah, NJ: Lawrence Erlbaum Associates.

Bruner, J.S. (1964). The course of cognitive growth. *American Psychologist, 19*, 1–15.

Bullock, M., & Gelman, R. (1979). Preschool children's assumptions about cause and effect: Temporal ordering. *Child Development, 50*, 89–96.

Burchinal, M., Howes, C., Pianta, R., Bryant, D., Early, D., Clifford, R., Barbarin, O. (2008). Predicting child outcomes at the end of kindergarten from the quality of pre-kindergarten teacher–child interactions and instruction. *Applied Developmental Science, 12*, 140–153.

Campbell, J. (2006). *Handbook of mathematical cognition*. London: Psychology Press.

Carey, S. (1985). *Conceptual change in childhood*. Cambridge, MA: The MIT Press.

Carey, S. (2009). *The origin of concepts*. New York: Oxford University Press.

Cheng, K., & Newcombe, N. (2005). Is there a geometric module for spatial orientation? Squaring theory and evidence. *Psychonomic Bulletin and Review, 12*, 1–23.

Chouinard, M.M. (2007). Children's questions: A mechanism for cognitive development. *Monographs of the Society for Research in Child Development, 72*, 1–129.

Conezio, K., & French, L. (2002). Science in the preschool classroom: Capitalizing on children's fascination with the everyday world to foster language and literacy development. *Young Children, 57*, 12–18.

Danby, S.J. (2002). The communicative competence of young children. *Australian Journal of Early Childhood, 27*, 25–30.

Dehaene, S., & Changeux, J. (1993). Development of elementary numerical abilities: A neuronal model. *Journal of Cognitive Neuroscience, 5*, 390–407.

Dickinson, D.K. (2001). Large-group and free-play times: Conversational settings supporting language and literacy development. In D.K. Dickinson & P.O. Tabors (Eds.), *Beginning literacy with language* (pp. 223–255). Baltimore: Paul H. Brookes Publishing Co.

Downs, L., Brenneman, K., Gelman, R., Massey, C., Nayfeld, I., & Roth, Z. (2009, April). *Developing classroom experiences to support preschoolers' knowledge of living things*. Presented at the biennial meeting of the Society for Research in Child Development, Denver, CO.

Dunbar, K., & Fugelsang, J. (2005). Scientific thinking and reasoning. In K. Holyoak & R.G. Morrison (Eds.), *The Cambridge handbook of thinking and reasoning* (pp. 706–726). New York: Cambridge University Press.

Duschl, R.A., Schweingruber, H.A., & Shouse, A.W. (2006). *Taking science to school: Learning and teaching science in grades K–8*. Washington, DC: National Academies Press.

Elkind, D. (1989). *The hurried child: Growing up too fast too soon*. Reading, MA: Addison-Wesley.

French, L. (2004). Science as the center of a coherent, integrated, early childhood curriculum. *Early Childhood Research Quarterly, 19*, 138–149.

Gallas, K. (1995). *Talking their way into science: Hearing children's questions and theories, responding with curricula*. New York: Teachers College Press.

Gallistel, C.R., & Gelman, R. (2005). Mathematical cognition. In K. Holyoak & R. Morrison (Eds.) *Cambridge handbook of thinking and reasoning* (pp. 559–588). New York: Cambridge University Press.

Gardner, H. (1991). *The unschooled mind: How children think and how schools should teach*. San Francisco: Basic Books.

Gelman, R. (1990). First principles organize attention to relevant data and the acquisition of numerical and causal concepts. *Cognitive Science, 14*, 79–106.

Gelman, R. (1998). Domain specificity in cognitive development: Universals and nonuniversals. In M. Sabourin & F. Craik (Eds.), *Advances in psychological science: Vol. 2. Biological and cognitive aspects* (pp. 557–579). Hove, England: Psychology Press.

Gelman, R. (2009). Innate learning and beyond. In M. Piattelli-Palmarini, P. Salaburu, & J. Uriagereka (Eds.), *Of minds and language: A dialogue with Noam Chomsky in the Basque country* (pp. 223–238). New York: Oxford University Press.

Gelman, R., & Baillargeon, R. (1983). A review of some Piagetian concepts. In J.H. Flavell & E. Markman (Eds.), *Cognitive development: Vol. 3. Handbook of child development* (pp. 167–230). New York: John Wiley & Sons.

Gelman, R., & Brenneman, K. (2004). Science learning pathways for young children. *Early Childhood Research Quarterly, 19*, 150–158.

Gelman, R., & Brenneman, K. (in press). Science classrooms as learning labs. In N. Stein & S. Raudenbusch (Eds.), *Developmental cognitive science goes to school*. New York: Taylor & Francis.

Gelman, R., & Gallistel, C.R. (1978). *The child's understanding of number*. Cambridge, MA: Harvard University Press.

Gelman, R. & Lucariello, J. (2002). Learning in cognitive development. In H. Pashler & C.R. Gallistel (Eds.), *Stevens' handbook of experimental psychology* (3rd ed., Vol. 3, pp. 395–443). New York: John Wiley & Sons.

Gelman, R., Romo, L., & Francis, W.S. (2002). Notebooks as windows on learning: The case of a science-into-ESL program. In N. Granott & J. Parziale (Eds.), *Microdevelopment: Transition processes in development and learning* (pp. 269–293). Cambridge, England: Cambridge University Press.

Gelman, R., & Shatz, M. (1977). Appropriate speech adjustments: The operation of conversational constraints on talk to two-year-olds. In M. Lewis & L. Rosenblum (Eds.), *Interaction, conversation and the development of language* (pp. 189–198). New York: John Wiley & Sons.

Gelman, R., Spelke, E.S., & Meck, E. (1983). What preschoolers know about animate and inanimate objects. In D. Rogers & J. Sloboda (Eds.), *The development of symbolic thought* (pp. 297–328). London: Plenum.

Gelman, R., & Williams, E. (1998). Enabling constraints for cognitive development and learning: Domain specificity and epigenesis. In W. Damon (Series Ed.) & D. Kuhn & R. Siegler (Vol. Eds.), *Handbook of child psychology: Vol. 2. Cognition, perception and language* (5th ed., pp. 575–630). New York: John Wiley & Sons.

Gelman, S.A. (2003). *The essential child: Origins of essentialism in everyday thought*. New York: Oxford University Press.

Gelman, S., & Markman, E. (1986). Categories and induction in young children. *Cognition, 23*, 183–209.

Gelman, S.A., & Opfer, J.E. (2002). Development of the animate–inanimate distinction. In U. Goswami (Ed.), *Blackwell handbook of childhood cognitive development* (pp. 151–166). Oxford: Blackwell.

Gentner, D. (2005). The development of relational category knowledge. In L. Gershkoff-Stowe & D.H.

Rakison (Eds.), *Building object categories in developmental time* (pp. 245–275). Mahwah, NJ: Lawrence Erlbaum Associates.

Gibson, E.J. (1970). *Principles of perceptual learning and development*. New York: Appleton-Century-Crofts.

Ginsburg, H.P., Lee, J.S., & Boyd, J.S. (2008). Mathematics education for young children: What it is and how to promote it. *Society for Research in Child Development Social Policy Report, 22,* 3–22.

Gobbo, C., & Chi, M. (1986). How knowledge is structured and used by expert and novice children. *Cognitive Development, 1,* 221–237.

Gopnik, A., & Schulz, L. (Eds.). (2007). *Causal learning: Psychology, philosophy, computation.* New York: Oxford University Press.

Gottfried, G.M., & Gelman, S. (2004). Developing domain-specific causal–explanatory frameworks: The role of insides and immanence. *Cognitive Development, 20,* 137–158.

Hammer, D. (1999). Physics for first graders? *Science Education, 83,* 797–799.

Hart, B., & Risley, T.R. (1995). *Meaningful differences in the everyday experience of young American children.* Baltimore: Paul H. Brookes Publishing Co.

Harms, T., Clifford, R.M., & Cryer, D. (2007). *Early Childhood Environment Rating Scale–Revised Edition* (ECERS-R). New York: Teachers College Press.

Hermer, L., & Spelke, E.S. (1996). Modularity and development: The case of spatial reorientation. *Cognition, 61,* 195–232.

Hong, L.T. (1995). *The empress and the silkworm.* Morton Grove, IL: Albert Whitman and. Co.

Howes, C., & Stewart, P. (1987). Child's play with adults, toys, and peers: An examination of family and child-care influences. *Developmental Psychology, 23,* 423–430.

Inagaki, K., & Hatano, G. (2002). *Young children's naive thinking about the biological world.* New York: Psychology Press.

Inhelder, B., & Piaget, J. (1964). *The early growth of logic in the child: Classification and seriation.* London: Routledge and Kegan Paul.

Jordano, K., & Callella, T. (1998). *Phonemic awareness songs and rhymes.* Cypress, CA: Creative Teaching Press.

Kail, R.V. (2007). *Children and their development* (4th ed.). Upper Saddle River, NJ: Prentice Hall.

Karmiloff-Smith, A., & Inhelder, B. (1974). If you want to get ahead, get a theory. *Cognition, 3,* 195–212.

Klahr, D., & Chen, Z. (2003). Overcoming the positive-capture strategy in young children: Learning about indeterminacy. *Child Development, 74,* 1275–1296.

Kuhn, T.S. (1962). *The structure of scientific revolutions.* Chicago: University of Chicago Press.

Lavin, B., Galotti, K., & Gelman, R. (2003). *When children, not adults, are the experts: Explorations of a child-oriented environment.* Unpublished manuscript.

Lionni, L. (2006). *Alexander and the wind-up mouse.* New York: Knopf Books for Young Readers.

Macario, J. (1991). Young children's use of color classification: Foods and other canonically colored objects. *Cognitive Development, 6,* 17–46.

Massey, C., & Roth, Z. (2004). *Science for Developing Minds series: A science curriculum for kindergarten and first grade.* Philadelphia: Edventures.

Massey, C., & Roth, Z. (2009, April). *Conceptual change in preschool science: Understanding light and shadows.* Presented at the biennial meeting of the Society for Research in Child Development, Denver, CO.

McCloskey, M., Washburn, A., & Felch, L. (1983). Intuitive physics: The straight-down belief and its origin. *Journal of Experimental Psychology: Learning, Memory and Cognition, 9,* 636–649.

Michaels, S., Shouse, A.W., & Schweingruber, H.A. (2008). *Ready, set, science! Putting research to work in K–8 science classrooms.* Washington, DC: National Academies Press

Miller, G.A. (1977). *Spontaneous apprentices: Children and language.* New York: Seabury Press.

Munakata, Y. (2006). Information processing approaches to development. In W. Damon & R.M. Lerner (Series Eds.) & D. Kuhn & R. Siegler (Vol. Eds.), *Handbook of child psychology: Vol. 2. Cognition, perception, and language* (6th ed., pp. 426–463). Hoboken, NJ: John Wiley & Sons.

National Association for the Education of Young Children. (2006). *NAEYC develops 10 standards of high-quality early childhood education.* Retrieved March 9, 2009, from http://www.naeyc.org/about/releases/20060416.asp

National Science Board. (2009). *National Science Board STEM education recommendations for the President-Elect Obama administration.* Retrieved March 9, 2009, from http://www.nsf.gov/nsb/publications/2009/01_10_stem_rec_obama.pdf

Nayfeld, I., Brenneman, K., & Gelman, R. (2009, under review). *Science in the classroom: Finding a balance between autonomous exploration and teacher-led instruction in preschool settings.*

Neuman, S., & Roskos, K. (2005). The state of state pre-kindergarten standards. *Early Childhood Research Quarterly, 20,* 125–145.

Novak, J.D., & Gowin, D.B. (1984). *Learning how to learn.* New York: Cambridge University Press.

Perlmutter, M. (1980). *Children's memory.* San Francisco: Jossey-Bass.

Piaget, J. (1930). *The child's conception of physical causality.* London: Routledge & Kegan Paul.

Piaget, J. (1952). *The child's conception of number.* London: Routledge.

Piaget, J. (1970). Piaget's theory. In P.H. Mussen (Ed.), *Carmichael's manual of child psychology* (Vol. 1, pp. 103–128). New York: Wiley.

Pianta, R.C., La Paro, K.M., & Hamre, B.K. (2008). *Classroom Assessment Scoring System™ (CLASS™).* Baltimore: Paul H. Brookes Publishing Co.

Poulin-Dubois, D. (1999). Infants' distinction between animate and inanimate objects: The origins of naïve psychology. In P. Rochat (Ed.), *Early social cognition* (pp. 257–280). Mahwah, NJ: Lawrence Erlbaum Associates.

Resnick, L.B. (1987). *Education and learning to think.* Washington, DC: National Academies Press.

Ritchie, S., Howes, C., Kraft-Sayre, M., & Weiser, B. (2002). *Emergent academic snapshot.* Los Angeles: University of California.

Saxe, R., Tzelnic, T., & Carey, S. (2007). Knowing who-dunnit: Infants identify the causal agent in an unseen causal interaction. *Developmental Psychology, 43,* 149–158.

Schulz, L.E., & Bonawitz, E.B. (2007). Serious fun: Preschoolers engage in more exploratory play when evidence is confounded. *Developmental Psychology, 43,* 1045–1050.

Shatz, M., & Gelman, R. (1973). The development of communication skills: Modifications in the speech of young children as a function of listener. *Monographs of the Society for Research in Child Development, 38*(Serial No. 152), 1–37.

Siegal, M., & Surian, L. (2004). Conceptual development and conversational understanding. *Trends in Cognitive Sciences, 8,* 534–538.

Solomon, G.E.A., & Johnson, S.C. (2000). Conceptual change in the classroom: teaching young children to understand biological inheritance. *British Journal of Developmental Psychology, 18,* 81–96.

Spelke, E.S. (2000). Core knowledge. *American Psychologist, 55,* 1233–1243.

Spelke, E.S., & Kinzler, K.D. (2007). Core knowledge. *Developmental Science, 10,* 89–96.

Spelke, E.S., Phillips, A., & Woodward, A.I. (1995). Infants' knowledge of object and human action. In D. Sperber, D. Premack, & A. Premack (Eds.), *Causal cognition: A multidisciplinary debate* (pp. 44–78). Oxford, England: Clarendon Press.

Stipek, D. (2008). The price of inattention to mathematics in early childhood education is too great. *Society for Research in Child Development Social Policy Report, 22,* 13.

Strickland, D.S., & Riley-Ayers, S. (2006, April). Early literacy: Policy and practice in the preschool years. *NIEER Preschool Policy Brief, 10.* New Brunswick, NJ: National Institute for Early Education Research. Retrieved April 20, 2009, from http://nieer.org/resources/policybriefs/10.pdf

Sylva, K., Siraj-Blatchford, I., & Taggart, B. (2006). *Assessing quality in the early years: Early Childhood Environment Rating Scale Extension (ECERS-E).* Stoke-on-Trent, England: Trentham Books.

Templin, M.C. (1957). *Certain language skills in children.* Minneapolis: University of Minnesota Press.

Wurm, W. (2005). *Working in the Reggio way: A beginner's guide for American teachers.* St. Paul, MN: Redleaf Press.

Vygotsky, L.S. (1962). *Thought and language.* Cambridge, MA: The MIT Press.

Zur, O., & Gelman, R. (2004). Young children can add and subtract by predicting and checking. *Early Childhood Research Quarterly, 19,* 121–137.

國家圖書館出版品預行編目（CIP）資料

幼兒科學教育的理論與實務：促進科學思維、討論、
操作及理解的方式／ Rochel Gelman 等著；藍依勤，
洪麗淑譯.--初版. --臺北市：心理，2014.10
面； 公分.--（幼兒教育系列；51176）
譯自：Preschool pathways to science: facilitating scientific
ways of thinking, talking, doing, and understanding
ISBN 978-986-191-619-4（平裝）

1.科學教育 2.學前教育

523.23 103016685

幼兒教育系列 51176

# 幼兒科學教育的理論與實務：
## 促進科學思維、討論、操作及理解的方式

作 者：Rochel Gelman, Kimberly Brenneman, Gay Macdonald & Moisés Román
譯 者：藍依勤、洪麗淑
執行編輯：高碧嶸
總 編 輯：林敬堯
發 行 人：洪有義
出 版 者：心理出版社股份有限公司
地 址：231 新北市新店區光明街 288 號 7 樓
電 話：(02) 29150566
傳 真：(02) 29152928
郵撥帳號：19293172 心理出版社股份有限公司
網 址：http://www.psy.com.tw
電子信箱：psychoco@ms15.hinet.net
駐美代表：Lisa Wu（lisawu99@optonline.net）
排 版 者：臻圓打字印刷有限公司
印 刷 者：正恒實業有限公司
初版一刷：2014 年 10 月
初版二刷：2017 年 2 月
I S B N：978-986-191-619-4
定 價：新台幣 200 元